微课、慕课

设计与制作一本通

李晓斌 编著

电子工业出版社

Publishing House of Electronics Industry

北京·BEIJING

内容简介

本书系统地介绍了微课和慕课设计的基本概念，Camtasia Studio、HyperSnap和Snagit等的基本操作，专门为非设计专业的用户所准备，无须任何设计基础即可阅读。本书注重实际操作，即学即用，围绕微课和慕课的设计与制作，向用户传授了大量的方法、原则及经验心得。

本书结构清晰、由易到难，实例精美实用、分解详细，文字阐述通俗易懂，与实践结合非常紧密，具有很强的实用性，适合初、中级微课和慕课设计爱好者阅读。

图书在版编目（CIP）数据

微课、慕课设计与制作一本通 / 李晓斌编著. -- 北京：电子工业出版社，2018.1

ISBN 978-7-121-33234-0

Ⅰ.①微… Ⅱ.①李… Ⅲ.①多媒体课件 – 制作 – 基本知识 Ⅳ.①G434

中国版本图书馆CIP数据核字(2017)第306152号

责任编辑：姜　伟
文字编辑：赵英华
印　　刷：北京虎彩文化传播有限公司
装　　订：北京虎彩文化传播有限公司
出版发行：电子工业出版社
　　　　　北京市海淀区万寿路173信箱　　邮编：100036
开　　本：720×1000　1/16　印张：20.75　字数：531.2千字
版　　次：2018年1月第1版
印　　次：2021年12月第5次印刷
定　　价：89.00元

凡所购买电子工业出版社图书有缺损问题，请向购买书店调换。若书店售缺，请与本社发行部联系，联系及邮购电话：（010）88254888，88258888。

质量投诉请发邮件至 zlts@phei.com.cn，盗版侵权举报请发邮件至dbqq@phei.com.cn。

本书咨询联系方式：（010）88254161～88254167转1897。

前　言

随着微博、微信、微电影等产品的出现，我们的生活已悄然进入"微"时代。在教育方面，随着现代教育技术的进步和教学模式的不断创新，微课和慕课横空出世并逐渐盛行，让教育"微"时代初现雏形。微课和慕课的问世丰富了教师的教学方式，也给教师专业发展带来了巨大变革。在微课和慕课盛行的热潮下，如何才能打造出有用、可用、易用、好用的优质微课和慕课成为了最大的问题，本书将带领用户一起走进微课和慕课的时代，领略它们的风采。

内容安排

全书共包括9章，以微课和慕课的制作过程为主线，注重教学设计与微课和慕课制作技术的有机结合，系统讲解了微课和慕课制作过程中遇到的各种问题，以下是本书每章所包含的主要内容。

Chapter 01　认识微课和慕课　主要介绍了微课和慕课，开发微课和慕课的注意事项，微课和慕课的开发技术、开发过程和设计过程，选择正确的课题，脚本的设计，评审标准，以及制作微课和慕课的形式及技术要求等内容，使用户对微课和慕课的基础知识有一定的认识和了解。

Chapter 02　图片优化——Photoshop的使用　本章主要向用户介绍了Photoshop界面、图片的基本操作、抠图技巧、为图片添加文字和调整图像色调等内容。

Chapter 03　图像捕获——HyperSnap和Snagit的使用　主要介绍了HyperSnap，使用HyperSnap捕获图像、绘制形状和编辑图像，Snagit界面的基本介绍，使用Snagit抓取图片、绘制形状和编辑图像等内容。

Chapter 04　使用Camtasia Studio录制音频　主要介绍了Camtasia Studio 的安装与卸载和使用Camtasia Studio录制音频等。

Chapter 05　使用Camtasia Studio录制视频　主要介绍了使用Cantasia Studio录制屏幕、摄像头、PPT，工具栏的使用和视频的预览与保存等内容。

Chapter 06　使用Camtasia Studio剪辑视频　主要向用户介绍了Camtasia Studio编辑器、制作微课和慕课前的准备工作、剪辑箱、时间轴、时间轴中视频的调整、轨道的管理及撤销和重做等内容。

Chapter 07　使用Camtasia Studio添加特效　主要介绍了标注的使用、缩放的使用、语音旁白的使用、转场的使用、光标效果的使用、可视化属性的使用、字幕的使用和测试的使用等内容。

Chapter 08　视频的生成和分享　主要介绍了生成视频、批量创建及分享视频等知识。

Chapter 09　微课和慕课的实际应用　主要介绍录屏类微课和慕课的录制、PPT类微课和慕课的录制，以及拍摄类微课和慕课录制的详细操作过程。

本书特点

本书内容全面、结构清晰、案例新颖，采用理论知识与动手操作相结合的教学方式，全面向用户介绍微课和慕课制作的相关知识及所需的操作技巧。

➢ 操作性较强

本书操作性较强，用户可以容易地将本书传授的技巧运用到实践中。

➢ 内容全面，讲解清晰

本书内容从工作和生活中的实际需求出发遵循实用、全面的原则，对微课和慕课的制作与设计进行了全面的讲解，保证学以致用。

➢ 技巧和知识点的归纳总结

本书在基础知识部分列出了大量的提示，这些信息都是结合作者长期的微课和慕课设计经验与教学经验归纳出来的，可以帮助用户更准确地理解和掌握相关的知识点和操作技巧。

读者对象

本书适合微课和慕课设计爱好者，想进入微课和慕课设计领域的用户朋友，以及设计专业的大中专学生阅读，同时对于专业设计人士也有很好的参考价值。希望用户通过对本书的学习，能够早日成为优秀的微课和慕课设计师。

参与本书编写的有李晓斌、史建华、杨阳、贾勇、张国勇、马少军、周晓丽、逄玉婷、陶玛丽、胡敏敏、郭慧、刘强、刘钊和张晓景。本书在写作过程中力求严谨，由于时间有限疏漏之处在所难免，望广大用户批评指正。

编　者

读 者 服 务

读者在阅读本书的过程中如果遇到问题，可以关注"有艺"公众号，通过公众号与我们取得联系。此外，通过关注"有艺"公众号，您还可以获取更多的新书资讯、书单推荐、优惠活动等相关信息。

扫一扫关注"有艺"

投稿、团购合作：请发邮件至 art@phei.com.cn。

目　　录

Chapter 01　认识微课和慕课

Chapter 02　图片优化——Photoshop的使用

Chapter 03　图像捕获——HyperSnap和Snagit的使用

Chapter 05　使用Camtasia Studio录制视频

Chapter 06　使用Camtasia Studio剪辑视频

Chapter 07　使用Camtasia Studio添加特效

Chapter 08　视频的生成和分享

Chapter 09　微课和慕课的实际应用

01
Chapter

认识微课和慕课

　　基于教学设计思想，使用多媒体技术在5分钟左右时间就一个知识点进行针对性讲解的一段音频或视频叫作微课。慕课，英文直译为大规模开放的在线课程，是新近涌现出来的一种在线课程开发模式。本章将简单对微课和慕课的基础知识进行讲解。

在教学中，微课所讲授的内容呈点状、碎片化，这些知识点，有的是教材解读、题型精讲、考点归纳，还有一些是方法传授、教学经验等技能方面的知识讲解和展示。

微课是课堂教学的有效补充形式，不仅适合于移动学习时代知识的传播，也适合学习者个性化、深度学习的需求，如图1-1所示。

图 1-1

1.1.1 什么是微课

以视频为主要载体，记录教师在课堂教学过程中围绕某个知识点或某个教学环节而开展的教与学活动的全过程叫作"微课"。

微课虽微，五脏俱全。微课不是随意截取的教学视频片段，而是主题独立、目的明确、内容完整的一件"作品"。授课设计是微课制作的核心，包括内容和教法的匹配、主题的导入、教学工具和教学软件的合理搭配、教法和教学语言的实施等。

与现实的课堂教学相比，微课在授课设计上要求结构更紧密、层次更清晰、教学环节更丝丝入扣、内容更引人入胜，如图1-2所示为一个引人注意的微课片头。

图 1-2

提示： 微课和慕课在制作上要尽可能多地运用能在网上展示的技术手段，怎么简洁、直观、有效就怎么用。微课和慕课的制作，可以由教师本人承担，但更高质量的制作不能光靠教师单打独斗，要有团队、有策划、有导演、有摄像、有技术支持，还要有演员。一个好的微课和慕课制作，就是集众人之长，用最简洁直观的方式讲清楚一个教学知识点。

微课的构思、设计和制作，有助于提高教师教学设计与教学表达的基本功力，这一点对当今高校大多数教师来说是十分必要的。同时全国高校微课比赛的举办，就是微课兴起的产物。

微课的核心资源是微视频（教学视频片段），同时可包含与该教学视频内容相关的微教案（教学设计）、微课件（教学课件）、微习题（练习测试题）和微反思（教学反思）等辅助性教与学内容。

➢ 微视频时长一般为 5 ～ 10 分钟，建议不超过 20 分钟。

➢ 微教案是指微课教学活动的简要设计和说明。

➢ 微课件是指在微课教学过程中所用到的多媒体教学课件等。

➢ 微反思是指执教者在微课教学活动之后的体会、反思、改进措施等。

➢ 微习题是根据微课教学内容而设计的练习测试题目（每件参赛作品至少提交 2 道不同难度的客观题，鼓励提交更多各种类型的习题）。

1.1.2 微课包含的特点

微课以其"短小精悍，使用方便"的特点已成为当前课堂教学的热点，逐步受到广大教师的喜欢，如图 1-3 所示为学生使用微课学习知识的场景。

图 1-3

在微课课题引领下，改变课堂教学模式，并收到一定的学习效果。微课的出现越来越受到人们的欢迎，那么微课主要包括哪些特点呢？

➢ 教学时间较短：教学视频是微课的核心组成内容。根据中小学生的认知特点和学习规律，微课的时长一般为 5 ～ 8 分钟左右，最长不宜超过 10 分钟。因此，相对于传统的 40 或 45 分钟的一节课的教学课例来说，微课可以称为"课例片段"或"微课例"。

➢ 教学内容较少：相对于较宽泛的传统课堂，微课的问题聚集，主题突出，更能满足教师的需要。

> 资源容量较小：从大小上来说，微课视频及配套辅助资源的总容量一般在几十兆左右，视频格式须是支持网络在线播放的流媒体格式，师生可流畅地在线观摩课例，察看教案、课件等辅助资源，也可灵活方便地将其下载保存到终端设备（如笔记本电脑、手机和 MP4 等）上实现移动学习。同时微课非常适合于教师的观摩、评课、反思和研究。

> 资源组成结构构成"情景化"：资源使用方便。微课选取的教学内容一般要求主题突出、指向明确和相对完整。它以教学视频片段为主线"整合"教学设计、课堂教学时使用到的多媒体素材和课件、教师课后的教学反思、学生的反馈意见及学科专家的文字点评等相关教学资源，构成一个主题鲜明、类型多样和结构紧凑的"主题单元资源包"，营造了一个真实的"微教学资源环境"。这使得微课资源具有视频教学案例的特征。

> 主题突出、内容具体。一个课程就一个主题，研究的问题来源于教育教学具体实践中的具体问题：或是生活思考、教学反思、难点突破、重点强调、学习策略，教学方法和教育教学观点等，具体的、真实的，自己或与同伴可以解决的问题。

> 草根研究、趣味创作。正因为课程内容的微小，所以，人人都可以成为课程的研发者；正因为课程的使用对象是教师和学生，课程研发的目的是将教学内容、教学目标和教学手段紧密地联系起来，而不是去验证理论、推演理论。所以，决定了研发内容一定是教师自己熟悉的、感兴趣的和有能力解决的问题。

> 成果简化、多样传播。因为内容具体、主题突出，所以，研究内容容易表达、研究成果容易转化；因为课程容量微小、用时简短，所以，传播形式多样（网上视频、手机传播和微博讨论）。

> 反馈及时、针对性强。由于在较短的时间内集中开展"无生上课"活动，参加者能及时听到他人对自己教学行为的评价，获得反馈信息。

1.1.3　微课的特性

也可以将微课下载保存到电子终端设备上实现便捷的移动学习。因此，它与传统的上课形式相比具有如下特性。

1. 灵活性

一堂 10 分钟的微课，容量只有几十兆左右，设计优美的画面、安排适当的内容、节奏把控准确以及讲解针对性强。学生可以在线观看课例，浏览学案和课件等辅助资源，起到课前预习课后复习的作用；也可以下载保存到终端设备（如手机、平板电脑等）上，在课余闲暇时间实现移动学习，如图 1-4 所示。

图 1-4

> **提示：**微课和慕课的灵活性让学生更容易进入"聚焦"状态，提高学习的实效性。不同程度的学生可以在时空及内容上自由选择所需资源，取长补短，增强分层、分类教学的效果。

2. 精确性

微课主要是为了突出课堂教学中某个学科知识点，如教学中的重点、难点或疑点，或是反映课堂中某个教学环节、教学主题的教与学活动。

微课内容以短小著称，但秉持"有限时空，无限创意"精神，可以在短时间内将微课做到别致、精致。例如可以把语文课中的课程介绍、文体介绍制作成微课进行展示，如图1-5所示。

图 1-5

3. 探究性

微课开发不追求问题研究的系统完整性，但具有问题研究过程中的调查研究、过程分析、结果论证等特点。这些特点既让过程具有"探究"功能，又使学生容易上手，为学生的主体发展提供了传统教育无法实现的广阔时空，发挥了人与环境交互融合的作用。

学生在开发过程中作为实践的主体根据自身的生活经历，按照自己的兴趣需要选择开发主题、制定开发方案、得出研究结论，自觉地获取知识，提高素养。

4. 局限性

微课不具有课程的两大构成部分：课业和教学进程，所以微课不是课程。微课中有课业，在视频类微课中似乎也有该课程，但是这种课程是虚拟的，并非是教师与微课使用者之间构成的真实教学进程，就是一种数字化学习资源。

微课中需要设计一定的教学活动，有时还需要通过一定的教学活动来呈现微课的内容。微课中的教学活动不具有真实课程中的生成性特点而且是相对固定的，因此也不能把"微课"表述为一种教学活动。微课的特点与课件的特点类似，只是这种课件的作用更多的是辅助学习者自学。

可见，微课只是一种可以辅助学习与教学的资源，暂时也不能代替传统课堂教学。但是微课资源打破了传统课程的概念，"课"在时间和空间两个维度充分拓展了灵活性，所以微课比传统课堂教学更加灵活。

> 提示：在学习制作微课和慕课的过程中，可以收获很多内容。例如，知道了如何使用多媒体，在备课中增强了对学生的了解；通过微课和慕课的开发，提高了学生发现问题和解决问题的能力，收集、分析和利用信息的能力，学会了分享和合作，培养了科学态度和科学道德，以及对社会的责任心和使命感。

1.1.4 微课与微课程的区别

微课和微课程在字面上仅一字之差，但两者有着明显的区别又有着千丝万缕的联系。接下来对微课和微课程进行讲解。

➢ 微课：微课是微型课的代名词，来源于现实的课堂教学模式，是教师课堂授课的浓缩、搬迁与改版，本质上属于教师为中心模式。从教育技术视域考察，微课属于新一代教学课件范畴，如图 1-6 所示。

图 1-6

➢ 微课程：微课程则是微型课程的代名词。其灵感来源于可汗学院的翻转课堂实验，是将原有课程按照学生学习规律，分解成为一系列具有目标、任务、方法、资源、作业、互动与反思等在内的微型课程体系，如图 1-7 所示。

图 1-7

比较微课与微课程，我们可以清晰地看到两者之间的区别：微课是教师授课的电子浓缩版或课件的改良版，与十多年课件教学的结局一样，并不能够撼动传统教学方式与人力资源培养模式。

1.2　慕课介绍

所谓慕课（MOOC），顾名思义，M 代表 Massive（大规模），与传统课程只有几十个或几百个学生不同，一门慕课课程动辄上万人，最多达 16 万人；第二个字母 O 代表 Open（开放），以兴趣导向，凡是想学习的，都可以进来学，不分国籍，只需一个邮箱，就可注册参与；第三个字母 O 代表 Online（在线），学习在网上完成，无须旅行，不受时空限制；第四个字母 C 代表 Courses，就是课程的意思，如图 1-8 所示。

图 1-8

1.2.1 教学形式

慕课的教学形式与传统教学有极大的不同，下面为用户详细讲解慕课的课程范围、授课形式和测验方法。

1. 课程范围

慕课以连通主义理论和网络化学习的开放教育学为基础，这些课程跟传统的大学课程一样循序渐进地让学生从初学者成长为高级人才。

课程的范围不仅覆盖了广泛的科技学科，比如数学、统计、计算机科学、自然科学和工程学，也包括了社会科学和人文学科。慕课课程并不提供学分，也不算在本科或研究生学位里，绝大多数课程都是免费的。

Coursera 的部分课程提供收费服务 "Signature Track"，可以自由选择是否购买。用户也可以免费学习有这个服务的课程，并得到证书。如图 1-9 所示为慕课证书。

图 1-9

> 提示：慕课是一个完整的教学模式，有参与、有反馈、有作业、有讨论和评价、有考试与证书。选修慕课可以取得学分，可以充实生活与职业生涯。

2. 授课形式

课程不是搜集，而是一种将分布于世界各地的授课者和学习者通过某一个共同的话题或主题联系起来的方式或方法。

尽管这些课程通常对学习者并没有特别的要求，但是所有的慕课会以每周研讨话题这样的形式，提供一个大体的时间表，其余的课程结构也是很小的，通常会包括每周一次的讲授、研讨问题及阅读建议等，如图 1-10 所示。

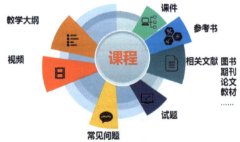

图 1-10

3. 测验方法

每门课都有频繁的小测验，有时还有期中和期末考试。考试通常由同学评分（比如一门课的每份试卷由同班的五位同学评分，最后分数为平均数）。一些学生成立了网上学习小组，或跟附近的同学组成面对面的学习小组。

1.2.2 主要特点

斯坦福大学校长约翰·L·汉尼希（John L. Hennessy）在一篇评论文章中解释说：＂由学界大师在堂授课的小班课程依然保持其高水准，但与此同时，网络课程也被证明是一种高效的学习方式。＂如图 1-11 所示为慕课的特点。

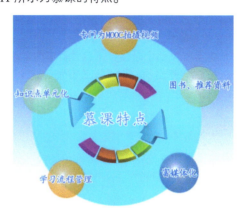

图 1-11

> 大规模的：不是个人发布的一两门课程。慕课是指那些由参与者发布的课程，只有这些课程是大型的或者大规模的，它才是典型的慕课。
> 开放课程：尊崇创用共享协议。只有当课程是开放的，它才可以称为慕课。
> 网络课程：不是面对面的课程。这些课程材料散布于互联网上，人们上课地点不受局限。无论你身在何处，只需与网络连接，就可以随时享受一流的课程。

1.2.3 历史发展

慕课的应用历史是非常短暂的，但是却有一个不短的孕育发展历程。准确地说，它可追溯到 20 世纪 60 年代。1962 年，美国发明家和知识创新者 Douglas Engelbart 提出来一项研究计划，题目叫《增进人类智慧：斯坦福研究院的一个概念框架》，在这个研究计划中，Douglas Engelbart 强调了将计算机作为一种增进智慧的协作工具来加以应用的可能性。也正是在这个研究计划中，Engelbart 提倡个人计算机的广泛传播，并解释了如何将个人计算机与＂互联的计算机网络＂结合起来，从而形成一种大规模的、世界性的信息分享的效应。

许多热衷于计算机的认识和教育变革家们，比如伊凡·伊里奇，发表了大量的学术期刊文章、白皮书和研究报告，在这些文献中，极力推进教育过程的开放，号召人们，将计算机技术作为一种改革＂破碎的教育系统＂的手段应用于学习过程之中。

1. 术语提出

慕课这个术语是 2008 年由加拿大爱德华王子岛大学与加拿大国家人文教育技术应用研究院联合提出来的。为了响应号召，阿萨巴斯卡大学技术增强知识研究所 Dave Cormier 与国家研究委员会高级研究员 Bryan Alexander，提出了慕课这个概念。

首次运用慕课概念的这门课程叫作《连通注意与连通知识》，这门课程有 25 位来自曼尼托巴大学的付费学生，还有 2 300 多位来自世界各地的免费学生在线参与了这门课程的学习。

所有的课程内容都可以通过 RSS feed 订阅，学习者可以用他们自己选择的工具来参与在线学习，用 MOODLE 参加在线论坛讨论、发表博客文章、在线课程学习，以及参加同步在线会议。

2. 课程发展

从 2008 年开始，一大批教育工作者，包括来自玛丽华盛顿大学的 Jim Groom 教授以及纽约城市大学约克学院的 Michael Branson Smith 教授都采用了这种课程结构，并且成功地在全球各国大学主办了他们自己的大规模网络开放课程。

最重要的突破发生于 2011 年秋，那个时候，来自世界各地的 16 万人注册了斯坦福大学 Sebastian Thrun 与 Peter Norvig 联合开出的一门《人工智能导论》的免费课程。许多重要的创新项目，包括 Udacity、Coursera 以及 edX 都纷纷上马，有超过十几个世界著名大学参与其中。

3. 在中国的发展

慕课课程在中国同样受到了很大关注。根据 Coursera 的数据显示，2013 年 Coursera 上注册的中国用户共有 13 万人，位居全球第九。而在 2014 年达到了 65 万人，增长幅度远超过其他国家。

Coursera 的联合创始人和董事长吴恩达在参与果壳网慕课学院 2014 年度的在线教育主题论坛时的发言中谈到，现在每 8 个新增的学习者中，就有一个人来自中国。果壳网 CEO、慕课学院创始人姬十三也重点指出，和一年前相比，越来越多的中学生开始利用慕课提前学习大学课程。

以慕课为代表的新型在线教育模式，为那些有超强学习欲望的 90 后、00 后提供了前所未有的机会和帮助。Coursera 现在也逐步开始和国内的一些企业合作，让更多中国大学的课程出现在 Coursera 平台上。

而在中国的慕课学习者主要分布在一线城市和教育发达城市，学生所占的比重较大。

1.2.4 优秀平台

自从慕课诞生以来，涌现出许许多多优秀的平台，下面为用户介绍慕课的三巨头以及其他平台。

1. 三巨头

➢ Coursera：目前发展最大的慕课平台，拥有将近 500 门来自世界各地大学的课程，门类丰富，不过也良莠不齐，如图 1-12 所示。

➢ edX：哈佛与 MIT 共同出资组建的非营利性组织，与全球顶级高校结盟，系统源代码开放，课程形式设计更自由灵活，如图 1-13 所示。

➢ Udacity：成立时间最早，以计算机类课程为主，课程数量不多，却极为精致，许多细节专为在线授课而设计，如图 1-14 所示。

https://www.coursera.org/

图 1-12

https://www.edx.org/

图 1-13

https://cn.udacity.com/

图 1-14

2. 其他平台

- Stanford Online：斯坦福大学官方的在线课程平台，与"学堂在线"相同，是基于 Open edX 开发的，课程制作可圈可点。
- NovoED：由斯坦福大学教师发起，以经济管理及创业类课程为主，重视实践环节。
- FutureLearn：由英国 12 所高校联合发起，集合了全英许多优秀大学。
- Open2Study：澳洲最大慕课平台，课程丰富，在设计和制作上很下工夫，值得一看。
- iversity：来自德国的慕课平台，课程尚且不多，不过在课程的设计和制作上思路很开阔。
- Ewant：由海峡两岸五大交通大学（上海交通大学、西安交通大学、西南交通大学、北京交通大学、台湾交通大学）共同组建的慕课平台。
- WEPS：由美国与芬兰多所高校合作开发，开设多门数学课程。授课对象包括开设院校的在校学生，课程内容符合教学大纲要求，考试合格者可获得开设院校认可的该课程学分。

3. 慕课学习社区

- 慕课学院：慕课学院是最大的中文慕课学习社区，收录了各大慕课平台上的 1 500 多门课程。有 50 万学习者在这里点评课程、分享笔记、讨论交流。

4. 国内平台

- 学堂在线（xuetangx）：学堂在线是清华大学于 2013 年 10 月 10 日推出的慕课平台，面向全球提供在线课程。
- 慕课网（i 慕课）：慕课网是由北京慕课科技中心成立的，是目前国内慕课的先驱者之一。现设有：前端开发、PHP 开发、Java 开发、Android 开发及职场计算机技能等课程。其中课程包含初级、中级和高级三个阶段。
- 酷学习（kuxuexi）：酷学习是上海首个推出基础教育慕课的公益免费视频网站。在网站首页上，写着这么一句话："你有一个苹果分给别人一半，你还有一半。你有一门知识，教会别人，你和别人都拥有一门知识。"

1.2.5 微课与慕课的区别

微课和慕课作为近几年来备受关注的新型网络学习资源在不断推广、发展的过程受到了广泛的热议。微课和慕课都是辅助学生学习的网络资源，它们究竟有什么本质区别？下面进行详细介绍。

- 在规模上：慕课规模大，微课规模较小。慕课作为大规模在线开放课程现在已在全世界开展起来，并受到广泛欢迎，而微课的规模还很小，目前为止仅在国内很热。
- 在受众对象上：慕课涉足领域很多，大学教育和职业教育等都有涉及，侧重点在大学。慕课现在已经与斯坦福、杜克、耶鲁等许多世界知名大学合作，开展课程；微课目前为止主要针对的是中小学群体。
- 在交互性上：慕课的交互性强。慕课通常有课堂测验与课后作业，其中作业有以小组形式完成的内容，并且有相应的论坛供学生交流讨论。学业成绩以 20% 的平时成绩和 80% 的考试成绩计算；微课会在视频结束后布置一些作业，但效果不理想，许多学生不会付诸实际。
- 获得成果：慕课在跟大学合作后，学生在修完某门课程并通过考试后会得到相应的证书，如果是在校大学生则可通过选修慕课上自己大学的课程以此来获得相应学分。就在前不久，美国的几家公司发表声明认可在慕课上获得的学历，而这也成为慕课未来发展的趋势；学生在观看微课后仅学到相应知识，没有证书或学分。

> 商业性：世界最知名的三大慕课网站中 Courser 与 edX 已经实行付费认证证书的制度，虽然目前用户注册、学习课程免费，但要支撑一个平台的正常运行，慕课在不久后的将来必然与商业挂钩；微课目前只用于教学，并且在教学中的运用范围很小，还在不断发展中。

> 评价体系：学生可以对所选慕课课程及老师进行打分，而老师之间也可以进行互相评价；微课目前没有评价功能。

1.3 开发微课和慕课的注意事项

随着微课和慕课数量的增多，出现很多不规范的现象，或者是不符合网络用户习惯。那么怎样才能录制出优秀的微课和慕课呢？接下来向用户讲解在微课和慕课开发时应当注意哪些问题。

1.3.1 开发微课和慕课时注意的要点

可以使用手机、数码相机、DV 等摄像设备拍摄、录制和制作微课和慕课，也可以使用录屏软件录制的音频或视频，形式不限。微课和慕课的内容既可以针对学生也可以针对教师或家长，对象不限。在录制时应注意以下几点内容，从而更加符合人们的学习习惯和要求，提升用户的学习体验及效率。

> 保证画质清晰，文字内容正确无误，无科学性、政策性错误，声音清楚，语言通俗易懂、深入浅出、详略得当，讲解精炼（采用电脑录制，录制时调整电脑分辨率为 1 024×768，颜色位数为 16 位。PPT 尽量做到简洁、美观大方；文件大小不超过 20MB），如图 1-15 所示为录制尺寸为 1 024×768 的 Illustrator 视频。

图 1-15

➢ 时间须严格控制在 5 分钟以内。

➢ 片头显示标题、作者、单位、适用对象及所属学科、教材、单元和知识点等信息。标题以知识点命名，如图 1-16 所示。

图 1-16

➢ 选题得当，具有针对性，适合于多媒体表达，避免"黑板搬家"现象。选题应围绕日常教学或学习中典型、有代表性或课堂教学过程中难以用传统方式解决的问题进行设计。

➢ 基于教学设计思想，围绕选题设计，突出重点、难点；教学目的明确，教学思路清晰，教学组织符合学习者的认知规律；教学过程主线清晰、重点突出、逻辑性强、明白易懂；具有针对性地解惑、启惑，能够有效解决教学过程中的重点、难点和疑点等问题，同时调动学习者的主动性。

➢ 视频格式包括 FLV、MP4 和 AVI 等，视频尺寸为 640×480 或 320×240。音频格式有 AAC (.aac、.m4a 和 .f4a)、MP3 和 Vorbis (.ogg 和 .oga) 等。如图 1-17 所示为 Camtasia Studio 的"生成向导"对话框。

图 1-17

1.3.2　设计微课和慕课时需要注意的环节

　　微课和慕课通过模拟一对一的教学情景，将一个小的知识点，进行针对性讲解，具有"启惑"作用，受到了大批教师和学生的追捧。接下来向用户讲解在设计微课和慕课时需要注意的几个环节。

> 时间观念：微课和慕课的时间短、节奏快，时间要控制在 7~8 分钟，这就要求教师在备课的过程中，要准备的应该是能用正常的语速在规定时间内讲完的内容。根据正常语速，一个人一分钟可以讲 120 字左右，那么准备 7~8 分钟讲稿的文字就应控制在 840 至 960 字左右，超出或不足都会影响讲课的节奏。

提示：只有教师准备的一个完整教学内容适合在较短的时间内讲授，微课和慕课的录制才能正常进行，预期的教学效果才能得以实现。

> 内容观念：不是所有的内容都适合，在时间一定的条件下，如何筛选教学内容成了教师必须精心考虑的问题。其实，在课堂教学中，不同类型知识的传授过程是有区别的。有的适合讲授，有的适合启发提问，有的适合展开讨论。微课和慕课作为只有教师独自在场的一种授课形式，应该更多地关注那些适合通过讲授完成的教学内容。

> 结构观念：在真实的课堂中，教学过程的推进是由师生双方共同完成的，即教师引导，学生思考，并逐步帮助学生建构起新的知识。而在微课和慕课中，所有内容的推进都是由教师一人完成的。因此在明确了具体的教学内容后，对于如何在较短的时间内，特别是在没有真实的课堂情境中，讲授完一段微课和慕课就需要教师对教学内容的结构进行分析与重构。

提示：在微课和慕课的讲授中，教师要把握两种基本结构，即知识结构和教学结构。一块教学内容是一个完整的知识结构，一段微课和慕课也是一个完整的教学结构。把握知识结构，需要教师对所要讲授的这段内容进行基于学科逻辑的分析与重组，以呈现给学生一个合乎学科思维逻辑的内容体系；把握教学结构，则是整个教学流程对教师提出的要求。只有把握好知识结构和教学结构，微课和慕课的制作才能在重视知识建构的同时，兼顾教学认识过程。

> 语言观念：既富于讲述性又重视启发性。微课和慕课的呈现形式，最终落脚点还是教师的语言。无论拍摄的视频多么清晰，画面切换多么丰富，幻灯片的制作多么生动，学生学习的过程，更多还是通过"听"实现的。同时，考虑到学习者理解接受能力的差异，一段微课和慕课可能会被反复观看，"听"课对学生的影响就更大了。因此，教师的语言便成了支撑整个微课和慕课的核心因素。

提示：树立语言观念要求讲授的语言做到通俗、流畅，既富于讲述性又重视启发性。通俗、流畅的语言形式才能有效地承载信息。讲述性推动知识的传递，启发性引导学生的思维。在明确了教学的内容和结构之后，对于教学语言的打磨便是对微课和慕课精雕细琢的过程。教师一方面要正确规范地使用学科术语讲解分析教学内容，另一方面也要注重合理使用承接、过渡，特别是那些启发引导学生思考的语言。这样，学生在观看视频时就有身临其境之感了。

1.3.3　微课和慕课具有的特征

　　微课和慕课绝不仅仅是一个视频那么简单，要做到从视觉、听觉上都使用户觉得舒服，从网络技术讲文件越小越好，所以要求课件要简洁大方，声音要清晰响亮；从网络用户习惯上讲希望能精确搜索，所以要求微课和慕课名称要包含知识点，体现适用对象；从学习者角度来看希望越容易懂越好。一般优秀的微课和慕课具有以下几点特征。

> 至少做到微原创。

- 选题好、适合用多媒体表达，是教学中典型、重点和难点问题，是传统教学中不能很好解决或解决不好的问题。
- 不是课堂实录、不是课堂搬家，教学具有启发性、要有设计（教学过程设计、课件设计、教学反思设计）、创意要新颖（设置悬念、创设情景等）。
- 教学过程精炼（微到极致就是质量）。
- 实效性强（有效解决实际教学问题，能促进学生思维能力提高）。
- 拍摄（录制）画面清晰、声音洪亮清楚。以教学内容为主，拍摄主体明确（背景简洁）。
- 后期制作（整合其他资源，如片头、字幕、动画演示）。
- 性价比高（与传统教学相比，制作一节优秀的微课和慕课对教师个人素养、技术要求高，如果使用微课和慕课达到的教学效果与传统教学达到的教学效果差不多，则不建议制作微课和慕课）。

1.3.4　微课和慕课设计的建议

简洁明了地阐释某一知识点是微课和慕课的目标，短小精悍的在线视频是微课和慕课的表现形式。那么如何才能制作出优秀的以学习或教学应用为目的的微课和慕课视频呢？接下来提供几条建议。

- 一个课程只说一个知识点。
- 要尽量控制在 10 分钟以内。
- 即使很简单、很容易的内容也不要轻易跳过教学步骤。
- 要给学生提供提示性信息，例如用颜色线标注指示、屏幕侧边列出关键词、用符号图形标注等。
- 微课和慕课是整个教学组织中的一个环节，要与其他教学活动配合，在课程中适当的位置设置暂停或者后续活动的提示，便于学生浏览课程时转入相关的学习活动。
- 微课和慕课应有恰当的提问，要恰当安排基本问题、单元问题和核心问题，灵活使用多样化的提问策略促使学生思考。
- 每一个课程结束时要有一个简单的总结，概括要点，帮助学习者梳理思路，强调重点和难点。
- 让学生明确基本概念和原理，对于关键技能的教学，要清楚地说明应该如何做，不应该如何做。
- 用字幕方式补充不容易说清楚的部分。

提示：在创建字幕时，只需要呈现关键词语，不必像电视剧一样将所有的台词都打出字幕，这会增加学生的阅读认知负荷。

- 在学习单上可将微课和慕课与相关的资源超链接起来，方便学生在学习单的统一调度下跳转学习。

1.4　微课和慕课的开发技术

录制屏幕式的微课和慕课资源，省去了录制硬件成本和录制过程，可以更聚焦于教学内容，似乎相对于利用摄像机录制的微课和慕课资源也更多一些。在录制微课和慕课的制作过程中，需要使用到的工具有 Photoshop、Power point、Camtasia Studio 和 Snagit。以下是对各个工具的说明。

1.4.1　使用Photoshop处理图片

当使用截图工具将图片截取之后，截取的图片可能没有达到用户的要求，这时就可通过Photoshop对图片进行处理。例如，可对图片进行裁切、调整图片色调、对图片进行转换等操作，如图1-18所示为Photoshop的工作界面。

图 1-18

1.4.2　使用Powerpoint制作课件

PowerPoint是制作和演示幻灯片的软件，也是Microsoft Office软件包的组成部分之一。它能够制作出集文字、图形、图像、声音以及视频等多媒体元素与一体的演示文稿，把自己所要表达的信息组织在一组图文并茂的画面中，用于介绍公司的产品以及展示自己的学术成果。PowerPoint的图标如图1-19所示，页面如图1-20所示。

图 1-19

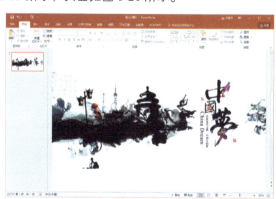

图 1-20

1.4.3　使用Camtasia Studio录屏

Camtasia Studio 是一款集屏幕录制、视频编辑为一体的视频编辑软件，广泛应用于微课的制作中。对于信息技术类的课程而言，由于很多是关于软件操作的，基于 Camtasia Studio 的微课开发是不错的选择。如图 1-21 所示为 Camtasia Studio 的启动界面。

版本 8.5

@2015 TechSmith Corporation • www.techsmith.com • 2405 Woodlake Drive • Okemos, MI 48864-5910 USA

图 1-21

在制作微课视频时，录制视频质量的好坏，直接关系到微课的效果。使用 Camtasia Studio 录制微课时，大家可能会遇到一段简短的视频需要反复录制都无法满意的情况，如何提高录屏的效率是每个微课制作者需要面对的问题。下面对录屏过程中需要注意的一些问题进行介绍。

1. 录课前做好准备

这里所说的做好准备，是指除了对软件进行设置外，更重要的是环境和内容的准备，微课的录制，应该尽量做到一气呵成，这样既可以保证录制视频的效果，还可以减少后期处理的工作量，提高微课录制效率。因此，在录屏时，特别是需要录制讲解语音时，选择一个相对安静且不受打扰的环境是必需的。

提示：在进行微课录制时，录制的内容方面需要做好充分的准备。录制前，应当对微课视频的教学目标、需要突出的重点和突破难点的手段方式做到心中有数。在录制前，应该准备必要的文案，这一点是很重要的。很多时候，录课者以为自己对录制的内容已经很熟悉了，结果在正式录制时却发现由于既要操作又要解说，不可避免地出现"忘词"的情况，不得不重新开始录制。

2. 录课前应该进行预录

微课的特点是短小精悍，需要录制的视频内容并不会很长，因此录制者完全有时间在正式录制前对微课进行预录。很多人在录制微课时，都会出现遗忘的情况，如忘记解说词和某个重要的步骤。

在录制某些需要表现操作结果的微课时，有时会出现操作结果与预想结果不一致的情况，从而导致录屏又从头开始。貌似没有预录是为了节约时间，实际上反复重录更加浪费时间。

3. 是一次录完还是分段录制

Camtasia Studio 不仅仅是一款录屏软件，其还具有对录制的视频进行编辑处理的能力。在录制微课时，可以将整个课程根据内容划分为若干段，对每一段的内容分别进行录制，在 Camtasia Studio 编辑器中对录制的内容进行编辑合并，获得需要的微课。

这种录制方式最大的优势就是"化厚为薄"。对于很多普通录课者，要想一气呵成地完成大段视频的录制而不出错是很难做到的，通过分段录制的方式就能够将录制的难度降到最低。对于时间较长、需要展示较为复杂的操作过程或讲解内容较多的微课，使用分段录制的方式是提高录制效率的一个好办法。

为了保证两段视频的无缝衔接，鼠标光标必须准确放置到原来的位置，这就不是一件容易的事情。诸如此类的细节问题还有很多，稍有不慎，视频之间存在着细节上的差异，就会显得不自然，影响微课的效果。

4. 录制时多用快捷键

在进行录屏操作时，经常需要对录屏进行控制，如开始、停止或暂停录制等。对于此类操作，使用录制工具栏中的按钮并不是一个好办法，因为当你将鼠标移到工具栏中单击相关按钮时，鼠标的动作有可能被录制下来。同时，一边操作，一边讲解，还要移动鼠标来进行控制，很多时候会让你有一种手忙脚乱的感觉，增大录屏出错的机会。

因此在录制微课时，录屏的控制操作可以使用 Camtasia Studio 的快捷键来实现。例如，按 F9 键将启动屏幕录制，在屏幕录制中按下该键将暂停屏幕录制，再次按下该键可以重新启动录制；按 F10 键将停止当前视频的录制，也可单击"继续"按钮，实现屏幕的录制，如图 1-22 所示。

图 1-22

1.4.4　使用Camtasia Studio剪辑视频

当录制完成后，按 F10 键，Camtasia Studio 会自动打开预览播放窗口，回放用户刚才录制的视频内容，如图 1-23 所示。如果满意，那就进入下一步，剪辑。

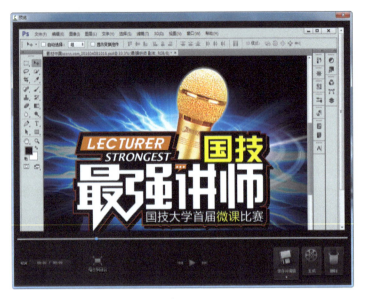

图 1-23

    Camtasia Studio 提供了多种多样的工具以满足最普遍的视频剪辑需求。例如，缩放工具可实现对局部区域的特写效果，标注工具可为视频添加必要的文字说明、箭头和高亮区等以实现强调效果，场景过渡工具可用于衔接不连贯的独立片段等，如图 1-24 所示。

图 1-24

1.4.5　使用Camtasia Studio录制声音

    在音频录制方面，Camtasia Studio 略显不足，仅为用户提供了音量和消除背景噪声的功能。每一步的剪辑操作，都可通过实时预览来达到最满意的效果，如图 1-25 所示为设置音频的窗口。

图 1-25

1.4.6　使用HyperSnap截图及处理图片

HyperSnap 是屏幕捕获软件中最快捷、最简单的工具之一。此软件同时拥有屏幕捕获应用及先进图像编辑应用，如图 1-26 所示为该软件界面图。

图 1-26

使用 HyperSnap 可以轻松实现对图片的捕获及修改操作，同时可以选择不同的文件格式进行保存，支持多种捕获方式。

使用 HyperSnap 可以分享屏幕上的内容，可以快速自定义需要的菜单及工具栏，可以自定义快捷键、创建快速启动工具栏，甚至可以用语音命令控制 HyperSnap。

1.4.7 使用Snagit截图及处理图片

Snagit 是 Windows 应用程序，可以捕获、编辑和共享用户计算机屏幕上的一切，是一款非常著名的优秀屏幕、文本和视频捕获、编辑与转换软件。如图 1-27 所示为 Snagit 的程序界面。

图 1-27

Snagit 可以捕获 Windows 屏幕、DOS 屏幕、RM 电影、游戏画面、菜单、窗口、程序窗口或用鼠标定义的区域。图像可保存为 BMP、TIFF、GIF、PNG 或 JPEG 格式，也可以保存为视频动画。

一般情况下，大家都是选中 Snagit 编辑器的输出菜单中的"预览窗口"命令，让 Snagit 抓取图片展示到"Snagit 捕获窗口"中，而且都直接单击"另存为"按钮保存图片。

其实，在"Snagit 捕获窗口"中有很多功能，如用鼠标框出某部分后，按下工具栏上的"修剪"按钮可以把选中部分裁剪下来，如图 1-28 所示。

按下"复制"按钮可以把它复制到剪贴板中。同时，在图像、颜色、效果等菜单下还有很多的图像处理功能，巧妙地利用它们，可以为用户的图片增光添彩。

图 1-28

1.5　微课和慕课的开发过程

微课和慕课的制作流程一般包括：选题 > 教案编写 > 制作课件 > 教学实施与拍摄 > 后期制作 > 教学反思。精品的微课和慕课制作通常需要专门的录播教室或专业的录制团队，使用专业的后期制作软件进行制作，花费较多的人力物力。这里讲述的是一般的结合课堂教学的微课和慕课的制作。

1.5.1　录制微课和慕课前的准备

一节课只有 5 ～ 10 分钟，通常只讲授一个知识点，所以选题方面一定要做到小而精，一般可以提取教学中的重点、难点作为内容，同时应用性比较强，这样的资源分享才有意义，可以达到为学生解惑，启发教学的目的。其次选取的内容要适合使用多媒体表达，这样才可以使观看者有学习的欲望，在录制之前准备步骤共包括以下几点内容。

➢ 深刻理解微课和慕课的功能：解惑而非授业。
➢ 选择要讲的知识点，尽量选择热门的考点、难点。
➢ 明确你的微课和慕课的受众。
➢ 将知识点按照一定逻辑分割成很多个小知识点。
➢ 将各知识点做成汇总表格。
➢ 做 PPT。
➢ 准备好摄像头和麦克风。
➢ 熟悉软件操作。
➢ 开始录制与剪修。

1.5.2　微课和慕课教案的编写

微课和慕课时间虽然短，但也是一个完整的教学过程，也需要有良好的教学设计。教案设计首先要进行教学定位，明确观看微课和慕课的主要对象；不同学科、不同程度的学生，教学的形式和语言的组织上应该有差异；还要根据观看对象的知识体系的不同，设计教学中的重点和难点。

1.5.3　微课和慕课课件的制作

PPT 只需要放核心内容，能让学习者了解微课和慕课的内容，内容要具有引导性、启发性，可以带有一定的悬念，使学习者带着问题去学习。信息技术类的课程可以采用任务式的教学法，先展示样文，再针对学习内容展开教学。

PPT 在制作上还要注意版面及美工设计，背景尽量以素雅为主，能烘托字体，不能太艳丽，尽量采用安全色，整个 PPT 的颜色不能太多，一般不超过 3 种，可以直接套用 PPT 里的设计模板，中间页顶部可以写上知识点的小点，一目了然，中间则放置主题内容，如图 1-29 所示。

用于微课和慕课录制的 PPT 课件跟老师平时做多媒体课件一样，这里只简单介绍课件制作需要注意的一些问题和设计原则。

图 1-29

1. 版面设计

接下来向用户简单讲解不同页面的 PPT 设计原则及要求。在 PPT 中，版式是在有限的空间内，在不删除页面内容的前提下，对文字、图片和图表等元素进行重新编排，使页面更美观，使其内容一目了然。

➤ 首页与封面设计：最好采用 PPT 的首页作为封面，这样可以一目了然地知道知识点与作者。

第一张 PPT 作为微课和慕课的"脸面"，应当有以下清晰的"五官"。

● 额头：如果是系列微课和慕课，可以在这说明。

● 眼睛：简明扼要的微课和慕课标题。

● 鼻子：作者及单位。

● 嘴巴：学科学段、章节及教材。

● 耳朵：边饰。缺乏了边饰则显得有些古板、单调，不建议在这里放置教师画面，如图 1-30 所示。

图 1-30

➤ 中间页：顶部可以写上知识点的小点，一目了然，中间则放置主题内容，右下角或左下角留出空白，以放置教师画面，同时不挡住文字，如图 1-31 所示。

图 1-31

> 尾页设计：可以加入感谢语、题目、欢迎观看其他课程等，此页不建议加入教师画面，如图 1-32 所示。

图 1-32

2. 美学设计

合理的页面布局才能够清晰表达整个 PPT 的页面内容，从而直观地影响人们的视觉感受，因此 PPT 页面的合理布局也是设计中最重要的一环。

> 一个完整的 PPT 课件，一般包括标题页、正文和结束页。每张幻灯片布局都要有空余空间，有均衡感，整体布局要风格统一，没有突兀的地方。一个课件一般不要超过 30 页，如图 1-33 所示。

> 在制作 PPT 课件时，包括图表在内，颜色不应该超过 4 种，单张幻灯片上的颜色不应超过 3 种，页面效果如图 1-34 所示。

> 通常采用准确的文字、规范的字体和标准字号表现出不同的逻辑层次。所以，字号和字体也不要随意使用，要力求规范、统一，避免给人眼花缭乱的感觉。一张幻灯片上一般不要超过三个层次，不同幻灯片上相同层次的文字要采用相同的颜色、字体和字号，如图 1-35 所示。

图 1-33

图 1-34

图 1-35

➢ 将 PPT 页面制作完成后，就要对该 PPT 添加转场了，但需要注意的是，由于 PPT 的重点是对内容的展示，太过花哨的转场会过多地吸引观看者的注意。如图 1-36 所示为百叶窗的转场效果。

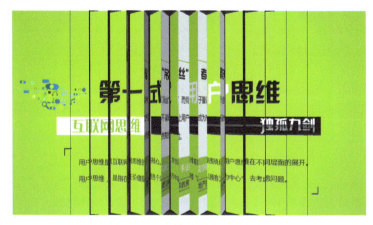

图 1-36

1.5.4　Camtasia Studio视频录制

微课和慕课制作最关键的环节就是录制教学过程，信息技术类的教学主要以软件操作为主，可以直接采用录屏软件录制，如果对教学内容非常熟悉，可以确保教学过程中极少出现口误甚至无口误，则可以在录制屏幕的同时录制声音，也可以录屏和录制声音分离，在后期制作时再将声音合成，这样可以减少重复录屏的次数。

Camtasia Studio 提供了比较快捷的录制方法，可以在任何颜色模式下轻松地记录屏幕动作，包括光标的运动、菜单的选择、弹出窗口、层叠窗口和打字等，如图 1-37 所示为 Camtasia Studio 的工作界面。

图 1-37

提示：如果在软件安装过程中安装了PPT专用插件，则在PowerPoint的加载项中直接嵌入了录制功能，就像使用PPT软件自己的按钮一样，可以快速地录制PPT视频并将视频转化为交互式录像放到网页上面。

一般视频输出分辨率可以为 320×240、640×480 和 720×576 等，格式为 MPG、MP4、FLV 和 MOV 等，为保证输出的视频不变形，在录制前先调整电脑分辨率，一般可设为 1 024×768，颜色位数为 16 位。

录制过程中尽量避免鼠标光标的随意移动，以免对学生造成学习干扰，鼠标的单击速度不能过快，要有适当停顿，在关键环节适当增加提示，便于学生跟上讲解的进度。录制解说时可以使用外接麦克风，也可以直接用手机录音，音频采用 MP3、AAC 格式，解说声音洪亮清楚，外部环境尽量安静。

1.5.5　视频的后期编辑

Camtasia Studio 具有强大的视频编辑和后期处理功能，可以基于时间轴对视频和音频片段进行各类剪辑操作，也可以添加各类标注、缩放、画中画、字幕特效、转场效果和标题编辑等。

> 提示：在录制过程中，必然存在冗余的视频片段，可以利用Camtasia Studio进行视频剪辑操作。将视频拖动到时间线的合适位置上，通过拖动时间轴开始和结束滑块选中轨道上需要进行编辑的视频片段，利用轨道上方的工具进行分割、复制、粘贴和删除等操作，还可以扩展视频帧、改变剪辑或帧的持续时间，调整视频剪辑的速度，以达到快播或慢放的效果。

通过添加轨道，可以实现多视频同时播放，实现如画中画的效果，如图 1-38 所示为 Camtasia Studio 的时间轴面板。

图 1-38

> 过渡效果：Camtasia Studio 提供丰富的过渡特效，可以在两段视频中间添加特殊的过渡效果，如开门状、百叶窗和棋盘格等，如图 1-39 所示。还可以在视频中插入静态图片，如课程的名称、知识要点等，并设置图片的播放时间。

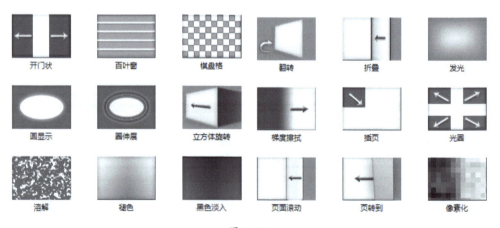

图 1-39

➢ 语音旁白：在视频剪辑操作过程中，可以导入解说词，边预览边进行影音同步；也可以单击工具菜单上的"语音旁白"按钮，预览视频的同时来录制旁白。单击工具栏中的音频按钮，可以对音轨进行降噪，及音量大小、淡入淡出效果的设置，如图1-40所示为语音旁白的设置选项。

➢ 镜头缩放：在讲解过程中，为了使用户看得更清楚，我们经常要进行镜头的缩放，Camtasia Studio利用缩放功能便可以方便实现，只需将时间线拉到需要缩放的位置，单击缩放按钮，调整视频的尺寸和位置，此后的视频将保持这个尺寸，将时间线拉到需要还原位置，将尺寸还原即可，如图1-41所示为视频缩放的设置选项。

图 1-40

图 1-41

➢ 添加字幕：在微课和慕课中添加字幕也是一个必要环节。在Camtasia Studio中选择工具栏中的"更多"按钮，选择"字幕"菜单，即可给视频添加字幕，这部分工作可以在视频、音频剪辑结束后进行，这样就可以一边听讲解声音，一边编写字幕，如图1-42所示。

➢ 添加标注：对于需要重点说明的部分或者提醒观看者注意的地方，可以通过添加标注，使用户更容易理解，如图1-43所示。

图 1-42

图 1-43

1.5.6　使用Camtasia Studio导出视频

编辑完视频并对预览效果满意后，就可以导出视频，选择文件菜单下的"生成并共享"（Produce and share）选项，可以使用列表中已有的格式，也可以选择自定义生成设置进行个性化的设置，如图1-44所示，这样一节完整的微课和慕课就制作完成了。

图 1-44

1.5.7　使用Camtasia Studio添加测试

一节优秀的微课和慕课，除了要将知识简明扼要、清晰地传达给学生外，最好能提供一定的交互和反馈，让学生在观看视频的同时通过思考问题加深对知识的理解，以检验学生的学习效果，Camtasia Studio 中自带的测验工具便可实现此功能，如图1-45所示为添加测试问题的时间轴面板。

图 1-45

提示：将时间线滑轴移到需要设置问题的帧上，可以在一个知识小点讲解完后，选择工具栏中"更多"选项中的"提问"工具，出现问题设置选项：问题的类型可以是选择题、填空题、问答题和判断题，其中选择题、填空题、判断题可以设置问题的标准答案，可以选择"观看者提交答案后可以看到答案"，这样学习者测试完还可以即时查看答案。

1.6　微课和慕课的设计过程

随着移动数码产品和无线网络的普及，基于微课和慕课的移动学习、远程学习、在线学习将会越来越普及。在网络时代，随着信息与通信技术的快速发展，微课和慕课必将成为一种新型的教学模式和学习方式。那么，如何设计一节好的微课和慕课呢？

➢ 对教师而言，微课和慕课将革新传统的教学与教研方式，突破教师传统的听评课模式，是教师专业成长的重要途径之一。

➢ 对于学生而言，微课和慕课能更好地满足学生对不同学科知识点的个性化学习，按需选择学习，既可查缺补漏，又能强化巩固知识，是传统课堂学习的一种重要补充和资源拓展。

1.6.1　选择和分析处理知识点

知识点的选择和分析处理对于一节微课和慕课能否设计得好、教学效果佳而言非常重要。因此，在设计每一节微课和慕课时，首先要慎重选择知识点，并对相关的知识点进行科学的分析和处理，使它们更符合教学的认知规律，学习起来能够达到事半功倍的效果。通常情况下要做到如下几点。

➢ 知识点尽量选择热门的考点、教学的重点和难点。

➢ 知识点的选择要细，十分钟内能够讲解透彻。

➢ 知识点要准确无误，不允许有文字、语言、图片上的知识性错误或误导性的描述。

➢ 要将知识点按照一定逻辑分割成很多个小知识点。

1.6.2　了解微课和慕课的定义及作用

微课和慕课是指利用 5~10 分钟时间讲解一个非常碎片化的知识点、考点、例题、作业题或教学经验的一种微视频。

微课和慕课有着启惑和解惑的作用，用于（不受时间、空间限制的）网络在线教育，不能代替课堂新知识的教学。

1.6.3　选择微课和慕课类型

在制作微课和慕课之前，要根据所要讲解的知识点选择适当的微课和慕课类型，有助于提高微课和慕课课堂的效果，微课和慕课的类型主要有以下几种。

➢ 讲授类：适用于教师运用口头语言向学生传授知识。这是最常见、最主要的一种微课和慕课类型，一般采用画中画的展示方式。

➢ 问答类：适用于教师按一定的教学要求向学生提出问题，要求学生回答，并通过问答的形式来引导学生获取或巩固知识。

- ➢ 练习类：适用于学生在教师的指导下，依靠自觉的控制和校正，反复地完成一定动作或活动方式，借以形成技能、技巧或行为习惯。
- ➢ 启发类：适用于教师在教学过程中根据教学任务和学习的客观规律，从学生的实际出发，采用多种方式，以启发学生的思维为核心，调动学生的学习主动性和积极性，促使他们生动活泼地学习。
- ➢ 讨论类：适用于在教师指导下，由全班或小组围绕某一个中心问题通过发表各自意见和看法，共同研讨、相互启发，集思广益地进行学习。
- ➢ 演示类：适用于教师在课堂教学时，把实物或直观教具展示给学生看，或者做示范性的实验，通过实际观察获得感性知识以说明和印证所传授知识。
- ➢ 实验类：适用于学生在教师的指导下，使用一定的设备和材料，通过控制条件的操作过程，引起实验对象的某些变化，从观察这些现象的变化中获取新知识或验证知识。
- ➢ 表演类：适用于在教师的引导下，组织学生对教学内容进行戏剧化的模仿表演和再现，以达到学习交流和娱乐的目的，提高学习兴趣。
- ➢ 自主学习类：适用于以学生作为学习的主体，通过学生独立地分析、探索、实践、质疑、创造等方法来实现学习目标。
- ➢ 合作学习类：合作学习是一种通过小组或团队的形式组织学生进行学习的一种策略。
- ➢ 探究学习类：适用于学生在主动参与的前提下，根据自己的猜想或假设，运用科学的方法对问题进行研究，在研究过程中获得创新实践能力、思维发展，自主构建知识体系的一种学习方式。

1.6.4　构建教学过程

只有认真构建完整精炼的教学过程，才能够有效地激发学生的学习兴趣，培养他们自主学习的能力，提高他们的学习效果。

1. 切入课题要新颖、迅速

由于微课和慕课时间短，因此在设计微课和慕课时要注意切入课题的方法，途径力求新颖、迅速而且要与题目紧密关联，以把更多的时间分配给内容的讲授。在微课和慕课教学设计中，通常采用以下几种方式切题。

- ➢ 设置一个题目引入课题。
- ➢ 从以前的基本内容引入课题。
- ➢ 从生活现象、实际问题引入课题。
- ➢ 开门见山进入课题。
- ➢ 设置一个疑问、悬念等进入课题。

2. 结尾要快捷

好的微课和慕课小结可以起到画龙点睛的作用，可以加深学生所学内容的印象，减轻学生的记忆负担。所以在微课和慕课的设计中，小结是必不可少的，它是内容要点的归纳，微课和慕课小结不在于长而在于精，如图 1-46 所示。

3. 讲授线索要鲜明

在讲授重点内容时，如果需要论据，那么论据必须做到精而简，力求论据的充分、准确，不会引发新的疑问。所以在微课和慕课的设计中，要求尽可能只有一条线索，在这一条线索上突出重点内容。在设计微课和慕课时要注意巧妙启发、积极引导，力争在有限的时间内，圆满完成微课和慕课所规定的教学任务。

图 1-46

4. 力求创新，亮点耀眼

在微课和慕课的设计中，一定要有自己独特的亮点。这个亮点，可以是深入浅出的讲授，可以是细致入微的剖析，可以是激情四溢的朗诵，可以是精妙完美的课堂结构，也可以是准确生动的教学语言等。

1.6.5　制作实用的微课和慕课教学课件

教学课件能充分创造出一个图文并茂、有声有色、生动逼真的教学环境，为教师教学的顺利实施提供形象的表达工具，能有效地突破教学难点，激发学生的学习兴趣，真正地改变传统教学单调模式，使乐学落到实处。

因此，在设计微课和慕课的过程中，制作实用、有效的课件是必不可少的环节。在制作微课和慕课课件时需要注意以下几点内容。

➤ 要具有美感：一个好的微课和慕课课件不仅能激发学生的学习兴趣，取得良好的教学效果，而且能使人赏心悦目获得美的享受，优质的课件是内容与优美形式的完美统一，如图1-47所示。

图 1-47

➤ 动静结合：动态画面能使课件精彩动人，静态画面能给人更多的思索空间，因此在设计课件时要注意让动态画面和静态画面有机结合起来，这样才能增强教学效果。

➤ 合理安排信息量：在制作课件时，充分利用认知学习和教学设计理论，根据教学内容和教学目的的需求，有效组织信息资源，提供适度的信息量，有利于突破教学重难点、拓展学生视野，使学生通过多个感觉器官来获取相关信息。

> 要容易操作：为了方便教学，微课和慕课课件的操作要尽量简便、灵活和可靠，便于教师和学生控制。在课件的操作界面上设置寓意明确的菜单、按钮和图标，最好支持鼠标，尽量避免复杂的键盘操作，避免层次太多的交互操作，尽量设置好各部分内容之间的转移控制，可以方便地前翻、后翻和跳转。

1.7 选择正确的微课和慕课课题

微课和慕课强调创设一个主题鲜明、类型多样、结构紧凑的资源单元应用小环境。因此，微课和慕课制作之前，选题必须经过可行性分析和严密的诊断，以达到事半功倍的效果。而且与传统的课堂教学相比，微课和慕课具有时间短、内容精、模块化、情景化和半结构化等特点。

1.7.1 选择课题的依据

微课和慕课制作最关键的一环是选题，良好的选题可以事半功倍地进行讲解、录制，不好的选题则使得微课和慕课变得平庸。

1. 使用价值高

任何数字化教学资源的制作都需要花费一定的时间和精力，微课和慕课虽然制作技术门槛较低，但也要耗费相当的人力物力。因此，要选取教学使用价值较高的课题来制作微课和慕课。

例如，教学中的重点、难点、疑点、考点和热点，平时需要老师反复讲解和强调的内容，学生容易出错的知识点，学生经常提问的问题等，都可以作为微课和慕课的选题对象。此类选题通过微课和慕课的形式解决问题越快速、讲解问题越清晰，选题的价值也就越高，如图 1-48 所示。

图 1-48

2. 更适合多媒体表达

微课和慕课内容的设计要适合使用多媒体特性，对于不适合使用多媒体表达的内容，制作出来也是徒劳的。因而微课和慕课选题要适合使用多媒体表达，适当加入丰富的图形图像、多样的动画、声色兼有的视频，如图 1-49 所示为 Photoshop 的软件操作视频。

图 1-49

> 提示：众所周知，视频是以连续的动态画面来呈现信息的，因此，一些具备"动态特征"的教学内容，比如：动作技能、操作过程、工作原理和变化过程等，就非常适合使用微课和慕课。

3. 内容相对独立，信息量不大

微课和慕课是相对完整、独立的小型教学资源，时间长度一般不超过 10 分钟。调查数据表明，超过 6 分钟的视频受欢迎程度直线下降。

所以，微课和慕课的选题必须要小，内容少且相对独立。找选题时，可以选取一个独立的小话题作为切入口，把内容讲通讲透，宁可"小题大做"，不宜"大题小做"，如图 1-50 所示。

图 1-50

1.7.2　微课和慕课课题的分析

好的选题设计是制作微课和慕课的首要前提。一节微课和慕课一个主题，或者说一个课程一个问题，研究的问题来源于课堂教学实践中的具体问题、重点强调、难点突破、教学反思、生活思考、学习策略、教学方法和教育教学观点等。

1. 知识型课题

知识型微课和慕课是微课和慕课选题中最主要、最常见的一种类型，主要是指在课堂教学中重点突出某个知识点（如教学重点、难点和疑点等）或教学环节的教学活动。

微课和慕课的教学目标明确，关注学生学习的实际需要，具有较强的针对性，在学生的辅助学习中常常起到立竿见影的效果，而且与传统课堂相比，知识型微课和慕课短小精悍，甚至没有系统的教学流程，如图 1-51 所示。

图 1-51

● 选题目的化

传统的课堂教学一般根据学生的认知规律和心理发展规律，因材施教或因人施教，注重教法、学法以及数学知识体系的建立和完善。

知识型微课和慕课则完全打破了传统课堂教学的完整性、连贯性和系统性，不再拘泥于形式，而是受制于学生，根据学生在传统课堂学习中可能出现的问题或实际需要选择课题，设计符合学生实际需要的教学活动。显然，知识性微课和慕课的选题更具目的性。

● 流程精炼化

传统课堂时长约 40 分钟，教学流程主要包括组织教学、新课引入、新课讲授、巩固练习和课堂小结等，教师有比较充裕的时间组织和开展教学活动。可对不少学生而言，要在 40 分钟的时间内保持注意力高度集中，其实是一件很困难的事情，做小动作、开小差的现象司空见惯。

研究表明，中小学生的课堂专注时间通常只有 5~10 分钟，而微课和慕课正是从学生的心理特点和人性化角度出发，将传统课堂的精髓提炼出来，时长一般为 5~8 分钟。正因为微课和慕课的短小精悍且趣味性强才受到热捧，成为学生课外学习重要的资源宝库。

● 目标明确化

传统课堂教学流程包括新课引入、新知探究、巩固练习、小结作业等，教师在课堂教学中往往遵循按部就班、循序渐进的原则，既要突出重点，又要面面俱到，而这在很大程度上不符合学生的心理认知特征，学习效果适得其反。

> 提示：微课和慕课程之所以在短时间内受到广大师生的欢迎，关键之处就在于"微"字，教学目标相对单一，有明确的针对性和指向性，所有的教学设计与制作都是围绕某个知识点展开的。

2. 习题型课题

传统的习题课往往存在松散和拖沓等缺陷，有时候学生上黑板演算可能消耗掉半节课的时间，学习效率大打折扣，微课和慕课则完全克服了上述缺陷，不但起到答疑解惑的作用，还能提高学习效率、拓展发散性思维，而且习题型微课和慕课类似于传统课堂教学中的习题课，如图 1-52 所示。

图 1-52

● 有利于分层教学

传统习题课的练习题一般具有层次性，由易到难、由简单到复杂，同时兼顾两头，这对学有余力的学生而言，无异于时间上的一种浪费，得不偿失却无可奈何。借助习题型微课和慕课学习时，他们完全可以根据自身的能力和实际需要选择符合自身需求的课程。

● 有利于强化考点

这一类型的微课和慕课在中学阶段较为常见，小学阶段针对疑难问题同样适用。教师通过分析题目中的考点，以及该题目中蕴含的知识体系和智力价值，并合理地进行拓展和延伸，真正帮助学生做到举一反三。

● 有助于拓展思维

传统数学课堂重视双基教学，体现"大众数学"思想，而习题型微课和慕课更注重个性化提升及发散思维的拓展。通过"一题多变、一题多解、一法多用"的思维渗透，紧扣学生思路，从不同角度思考问题，助推学生思维发展，如图 1-53 所示。

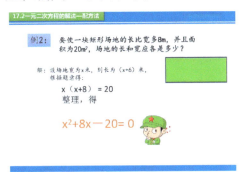

图 1-53

● 有助于建立体系

如果说数学新课教学是"画龙"，那么复习则是"点睛"，复习是完善、深化、提升所学内容的关键环节。习题型微课和慕课选题设计时，可以根据某个知识点设计出复习专题，有利于学生巩固、消化、归纳数学基础知识，构建知识体系，从而提高分析问题、解决问题的能力。

1.7.3 开发微课和慕课课题的目的

开发微课和慕课课题主要有两方面目的，一方面将长期形成的教学活动"碎片化"，可使学生快速置身于特定的认知任务之中，激发他们的认知内驱力，从而引发、提高其解决问题的行为，适应信息化环境下的教学需求；另一方面又可以将宝贵的教学经验以微课和慕课的形式帮助教师领悟教学真谛，迅速提高教学能力。

1.8 制作微课和慕课的形式及技术要求

目前，微课和慕课制作的形式非常多，可以是教师进行情境性的内容讲解或展示实验教学过程；可以是教师在黑板上或纸面上的板书，清晰醒目地展示某个运算推理过程；也可以是通过录屏软件录制的屏幕操作或是语音讲解和批注展示的 PPT 演示课件等形式。选择用什么表现形式取决于课程教学的需要。

1.8.1 使用Camtasia Studio对电脑屏幕截屏录制

对电脑屏幕截屏录制适合于制作软件操作类微课和慕课，以及将 PowerPoint 演示文稿制作成微课和慕课。教师可以使用 Camtasia Studio 软件进行电脑截屏操作的录制。

这款软件提供了强大的屏幕录像、视频剪辑功能，在后期编辑时能够添加字幕、标注，可以自由裁剪，提供丰富的转场效果，还能自由变焦、放大局部画面，并跟随鼠标移动，如图 1-54 所示。

图 1-54

> 工具与软件：电脑、耳麦、视频录像软件。
> 方法：对 PPT 演示进行屏幕录制，然后辅以录音和字幕。
> 过程简述：使用电脑屏幕截屏录制的过程如下所示。

第一步，针对所选定的教学主题，搜集教学材料和媒体素材，制作 PPT 课件；第二步，在电脑屏幕上同时打开视频录像软件和教学 PPT，执教者戴好耳麦，调整好话筒的位置和音量，并调整好 PPT 界面和录屏界面的位置后，单击"录制桌面"按钮，开始录制，执教者一边演示一边详解，可以配合标记工具和其他多媒体软件或素材，尽量使教学过程生动有趣；第三步，对录制完成后的教学视频进行必要的处理和美化。

1.8.2 手机加白纸制作微课和慕课

复杂的教学过程需要多人合作采用摄像机拍摄，而一些小场景的演示型微课和慕课，可以使用简单的拍摄工具拍摄制作，进一步提高教师自己制作微课和慕课的灵活性和便捷性，如图 1-55 所示。

图 1-55

> 工具与软件：可以逆行视频摄像的手机、一打白纸、几支不同颜色的笔、相关主题的教案。
> 方法：使用编写摄像工具对纸笔结合演算、书写的教学过程进行录制。
> 过程简述：使用手机加白纸拍摄的过程如下所示。

第一步，针对微课和慕课主题，进行详细的教学设计，形成教案；第二步，用笔在白纸上展示出教学过程，可以画图、书写和标记等，在他人的帮助下，用手机将教学过程拍摄下来，尽量保证语音清晰、画面稳定、演算过程逻辑性强，解答或教授过程明了易懂；第三步，可以进行必要的编辑和美化。

提示：手机加白纸的拍摄方式技术难度低，操作简单，易于分享。拍摄时保持白纸稳定，教师注意保持坐姿，头部不要进入画面，手部不要佩戴过多饰品。

1.8.3 用DV进行教学视频录制

讲授类、演示类的课程可以用 DV 拍摄。教师可以自己使用家用摄像机拍摄，将摄像机固定在三脚架上，确定好取景范围后就可以拍摄，如图 1-56 所示。

图 1-56

- ➤ 工具与软件：DV、黑板、粉笔及其他教学演示工具。
- ➤ 方法：对教学过程摄像。
- ➤ 过程简述：使用 DV 录制教学视频的过程如下所示。

第一步，针对微课和慕课主题，进行详细的教学设计，形成教案；第二步，利用黑板展开教学过程，利用录像机将整个过程拍摄下来；第三步，对视频进行简单的后期制作，可以进行必要的编辑和美化。

提示：为了追求更优良的视听效果，提高录制效率，也可请其他教师或摄制人员使用专业摄像机协助拍摄。采用多机位进行拍摄，教学中近景、板书等画面拍摄，通过VGA口采集多媒体课件展示画面一次性录制合成。教师在制作前要和录制人员多交流，准确表达教学意图，确保教学内容完整记录。注意音画同步，录音时使用领夹式无线专业话筒。

1.8.4 可汗学院教学模式

可汗学院通过在线图书馆收藏了 3 500 多部可汗老师的教学视频，向世界各地的人们提供免费的高品质教育，如图 1-57 所示。

图 1-57

- ➤ 工具与软件：屏幕录像软件，如 Camtasia Studio、Snagit 或 CyberLink YouCam 等，手写板、麦克风、画图工具，如 Windows 自带的绘图工具等。
- ➤ 方法：通过手写板和画图工具对教学过程进行详解演示，并使用屏幕录像软件录制。

> 过程简述：使用可汗学院模式的录制过程如下所示。

第一步，针对微课和慕课主题，进行详细的教学设计，形成教案；第二步，安装手写板和麦克风等工具，使用手写板和绘图工具，对教学过程进行演示；第三步，通过屏幕录像软件录制教学过程并配音；第四步，可以进行必要的编辑和美化。

1.9 微课和慕课脚本的设计

微课和慕课视频的开发要遵循面授课程的教学设计流程，只不过有许多步骤可以简化。微课和慕课视频开发要求课程研发人员不仅要懂得教学设计，还要掌握一定的脚本编写、视频拍摄和视频剪辑技术，这对培训从业者来说是一种跨界挑战。

1.9.1 如何制作微课和慕课脚本

微课和慕课录制前期的脚本设计直接决定了课程的质量。就好比要拍摄一部电影，在开拍前必须确定剧本、选定演员、构思场景、编写故事脚本等，做大量的前期工作，否则很难拍出一部优秀的电影。微课和慕课也是一样，只有好的脚本才有好的课程。

1. 选取合适的课题

微课和慕课课题应该选择有价值的知识点，这样制作出来的课程才能更加有助于学生自主学习、查漏补缺。相反，一个不好的选题只会让微课和慕课变得平庸。所以课题的选择是微课和慕课制作中非常关键的一环。

2. 教学设计

微课和慕课的教学设计应该做到精简化、深度化、有趣化，在短短几分钟的时间里不仅要将内容讲透彻而且还要能将学习者牢牢吸引住，如图 1-58 所示。

图 1-58

3. 媒体设计

目前微课和慕课采用比较多的形式有录屏式、录像式、二维动画、三维动画以及混合式，所以要根据内容来选择合适的表现形式。比如，信息技术课上的一些操作步骤就比较适合用录屏式；一些物理或者化学实验，则可以考虑用二维或三维动画的形式来表现。媒体设计时选用的文字、声音、图片、视频等素材也要精心选择，甚至色调、布局等细节部分也要注意。比如，制作的微课和慕课主要是面向小朋友，那么就要尽量多使用一些卡通图片或动画，而要少使用文字，如图 1-59 所示。

图 1-59

4. 编写微课和慕课视频结构的脚本

在正式制作微课和慕课视频之前还需要根据微课和慕课的课题、教学设计、媒体设计来构思微课和慕课的流程，并逐步细化，最终写成详细的脚本文稿，包括画面、解说词、字幕和配乐等。这就像拍摄电影需要剧本，开办一期电视节目需要台本，微课和慕课也一样，想要顺利并事半功倍地完成制作，还需要编写脚本。

有了详细的脚本，制作微课和慕课就可以按部就班地进行了，不仅大大提高了制作效率而且减少了制作过程中出错或者返工等情况的发生。

1.9.2 编写微课和慕课脚本

脚本的内容基于大纲，但表现形式不是问题、对策和总结，而是场景一、场景二、场景三等。每一个场景都要包含环境、人物、行为、对话、文字和旁白等信息，要写得非常详细、具体和清楚，而问题、对策和总结则包含在场景之中。接下来展示微课和慕课脚本模板。

时间：8分钟以内

系列名称	
微课和慕课名称	
知识点描述	
知识点来源	□学科：历史　□班级：八年级　□教材：鲁教版　□章节：第二单元第四课 □页码：第二十页　□不是教学教材知识，自定义
基础知识	
教学类型	□讲授型　□问答型　□启发型　□讨论型　□演示型　□联系型　□实验型 □表演型　□自主学习型　□合作学习型　□探究学习型　□其他

适用对象	学生：本微课和慕课是针对本学科平时成绩多少分的学生？ 教师：□班主任　□专业教师　□普通任课教师　□其他 其他：□软件技术　□生活经验　□家教　□其他			
设计思路				
教学过程				
	内容	画面	时间	
一、片头（20 秒以内）	内容	第 x 至 x 张 PPT	x 秒以内	
二、正文讲解（4 分 20 秒左右）	第一节内容	第 x 张 PPT	x 秒	
第二节内容	第 x 至 x 张 PPT	x 秒		
第三节内容	第 x 至 x 张 PPT	x 秒		
三、结尾（20 秒以内）	内容	第 x 张 PPT	x 秒以内	
教学反思（自我评价）				

1.9.3　微课和慕课脚本的重要性

　　很多地区都在如火如荼地举办各种微课和慕课制作大赛，老师们的参与性、积极性也很高。然而，制作出来的微课和慕课有很多存在粗糙、质量不高的现象。这是因为很多老师在制作微课和慕课之前没有经过精心的准备或设计，都把微课和慕课理解成了屏幕录像或随意截取的教学视频片段。

　　其实这是一种误区，优质的微课和慕课应该包括前期的脚本设计和后期的录制合成两部分。很多老师恰恰相反，往往只注重微课和慕课的录制，而忽视了前期脚本设计的重要性。一个好的脚本可以使微课和慕课的结构更紧凑、层次更清晰，更丝丝入扣、引人入胜，可以让制作微课和慕课的过程事半功倍。

1.10　微课和慕课的评审标准

　　微课和慕课制作完成后，可以通过微课和慕课的评审标准查看自己的微课和慕课是否达到要求，如果没有可及时进行修改和改正。

1.10.1　课件制作的要求

　　课件的字体必须足够大，以保证微课和慕课里的字容易辨认、识别，以下为课件制作建议（以 PPT 为例）：

➢ 动静结合：充分利用 PPT 的动作效果，可以很好地增加课程的动态感和空间感。

➢ 图文并茂：图版率在 50%~90%。插图表现出的亲和力要比照片好，照片表现出的专业性要比插图好，如图 1-60 所示。

➢ 表现力最强的图片：如脸部图片，适合表现主题，但不适合做背景，如图 1-61 所示。

➢ 表现力最弱的图片：如云海，适合做背景，但不适合做主题。

➢ 字体搭配：微软雅黑（标题）、宋体（正文），黑体（标题）、楷体（正文），不乱用艺术字。

➢ PPT 字体标配：标题字号为 44 号，一级文本为 32 号，二级文本为 28 号，最好不要有三级文本。
➢ 颜色搭配：一般来讲，除了黑色和白色外，最多使用 3 种颜色。

图 1-60

图 1-61

1.10.2　上报微课和慕课作品要求

如果用户需要将制作的微课和慕课作品进行评比，就需要对作品的要求有一定的了解，这样才能够提高作品的质量，从而获得较好的成绩。

➢ 报送的微课和慕课作品应是单一有声视频文件，要求教学目标清晰、主题突出、内容完整和声画质量好。

➢ 视频片头要求蓝底白字、楷体、时长 5 秒，显示教材版本、学段学科、年级学期、课程名称、教师姓名和所在单位等信息。视频格式统一为 WMV 格式，高清像素为 $1\,080 \times 720$，标清像素为 720×576，大小不超过 100MB。

➢ 根据学科和教学内容特点，如有学习指导、练习题和配套学习资源等材料请一并提交。

1.10.3　微课和慕课的内容要求

在微课和慕课的制作过程中，需要满足以下几点要求，使学生在学习中达到最佳的学习效果，从而提高学生们的学习质量，让学生体验到学习的乐趣。

➢ 功能理解透彻：微课和慕课的功能是经验交流及对一些课上没听懂的同学进行课后辅导，而不是代替课堂教学。

➢ 知识点足够细：一节微课和慕课只讲解一个特定的知识点，如果该知识点牵扯另一个知识点，需详细讲解时应另设一节课程。

➢ 课件结构完整：课件中要有介绍微课和慕课（如微课和慕课名称、作者姓名等信息）和谢幕的版块，若是 PPT，正文最多建议 5~6 页。

➢ 受众定位明确：微课和慕课作者需清楚受众的知识基础，采用适合的相关定理、定律、词汇进行讲解。

➢ 情景定位明确：微课和慕课是一对一的教学而非一对多，因此讲解时不得出现"你们""大家""同学们"等词汇。

➢ 知识准确无误：在微课和慕课里不允许有文字上、语言上、图片上的知识性错误或有误导性的描述。

➢ 讲解不能照本宣科：对现有的知识以及课本上对该知识的表述应有自己的理解，而不是罗列书上的知识，否则微课和慕课起不到"解惑"的作用。

➢ 课件具有视觉美感：如制作常用的 PPT 课件时，可多角度地应用 PPT 现有的功能带来的视觉效果，如自定义动作、PPT 切换、颜色搭配、字体搭配等，如图 1-62 所示为优秀 PPT 的封面页设计。

图 1-62

> 画质清晰：影响视频画质的因素——显卡驱动未更新导致屏幕像素低；导出视频时未设置与屏幕分辨率相一致的视频长宽尺寸导致视频画面变形。
> 其他要求：在录制微课和慕课时要保证外部环境安静无噪声；主讲人仪表得体，讲解声音响亮，节奏感强，尽可能少地使用古板、枯燥的书面语，讲解通俗易懂。

1.11　本章小结

本章主要向用户介绍了基础知识、微课和慕课的设计过程及开发技术等内容，相信用户已经对微课和慕课有了相关的认识和了解，在下面的章节中会对微课和慕课的制作进行详细的讲解。

1.12　课后练习

在前面的章节中已经对微课和慕课脚本的模板进行了详细的讲解，接下来向用户展示课题为"规划精彩人生，打造锦绣前程"的具体编写内容。

录制时间：2016-11-18 　　　　　　　　　　　　　　　　　　　　　　时间：15分钟

系列名称	思想道德修养与法律基础
名称	规划精彩人生，打造锦绣前程
知识点描述	
知识点来源	☑学科：思政　　□班级：大一新生　　□教材：绪论　　□章节：第一节 □页码：1-8　　□不是教学教材知识，自定义
基础知识	听课之前需了解的知识：高职的培养目标、如何尽快适应大学新生活、职业生涯规划的意义

教学类型	□讲授型　□问答型　□合作学习型
适用对象	刚入学的大学（高职）一年级新生，面临就业的学生
设计思路	高职大一新生处于人生新的非常重要的转折点上，正在适应新的生活学习环境，对高职和自己未来的学习职业生涯既充满美好憧憬，又有很多困惑迷茫，有很多新生在高考目标实现后，在新的阶段没有了以前的明确奋斗目标，对新的人生和职业未来缺乏规划，影响自己职业能力的提高和进一步发展。本课目的在于让学生明确为自己定位，确立自己的职业发展目标以及规划职业人生的重要意义和进行职业规划的步骤。

教学过程

	内容	画面	时间
一、片头（10秒以内）	规划精彩人生 打造锦绣前程	第1张PPT	10秒以内
二、正文讲解（14分钟左右） 职业人生需规划 1. 何谓职业生涯规划 2. 职业生涯规划的意义 用两个生动案例让学生明确职业规划的重要意义 职业规划要"知己知彼"、要明确自己的目标 3. 进行职业规划的五个步骤 第一步，分析自己的性格	导入：新生入学照片——人生新阶段 进入高等学校，成为高职生，面临适应、确定新目标的问题。新的目标是什么呢？ 成为具有一定理论基础的技能型未来职业人进一步分析何谓职业人？ 由此师生共同得出职业人生需要规划的结论	第3张PPT	3分
第二步，分析自己掌握的知识、技能	第5至6张PPT		1分
第三步，分析自己掌握的或能够调配的资源 第四步，确认自己的发展目标 第五步，坚持不懈走下去	第7至12张PPT 第13至23张PPT		10分
三、总结（1分钟）	○当你的才华还撑不起你的野心时，那你就应该静下心来学习；当你的能力还驾驭不了你的目标时，那就应该沉下心来历练。 ○当你对未来迷茫时，请停下来认准目标！梦想，不是浮云，而是沉淀和积累！只有拼出来的美丽，没有等出来的辉煌！ ○机会，永远是留给最渴望的、最具有行动力的人！当你连拼命努力的机会都不给自己时，就不要去跟任何人比什么天赋！	第24张PPT	20秒以内
教学反思（自我评价）	本节课创设情境，营造出了开放、宽松、和谐、平等的教学氛围，让学生明确了自己的定位，了解了确立自己的职业发展目标，以及规划职业人生的重要意义和进行职业规划的步骤，为今后的学习和进一步发展奠定了基础。		

02
Chapter

图片优化
——Photoshop的使用

在微课和慕课的制作过程中，使用Photoshop对图片进行基础处理是一个非常实用的小技能，适用于所有不完美图片素材的调整，能够解决人们对图片的普遍要求，本章将对Photoshop的基本使用进行详细的介绍。

2.1　Photoshop界面的基本介绍

Photoshop 是一款图像编辑软件，主要用于处理位图图像，可以完成图像的格式和模式的转换，能够实现对图像的色彩调整，是用户处理截图必不可少的工具。接下来就对 Photoshop 的基本界面进行简单的介绍，如图 2-1 所示。

图 2-1

> 菜单栏：单击菜单栏名称可打开菜单，菜单中包含了可执行的各种命令。
> 选项栏：用来设置工具的各种选项，它会随着所选工具的不同而变换内容。
> 标题栏：显示了文档名称、文件格式、颜色模式和窗口缩放比例等信息。如果文档中包含多个图层，则标题栏中还会显示当前工作的图层名称。
> 工具箱：包含了各种常用的工具，如选择工具、裁剪和切片工具等。
> 文档窗口：即图像显示的区域，用于编辑和修改图像。
> 面板：用于配合图像编辑和 Photoshop 的功能设置。
> 状态栏：可显示文档大小、文档尺寸、当前工具和窗口缩放比例等信息。

2.2　图片的基本操作

在使用 Photoshop 处理截图之前，首先了解并掌握一些关于图像的基本操作，例如尺寸的调整、裁剪和图片格式的转换等内容。

2.2.1 图像格式

图像格式即图像文件存放在磁盘中的格式，比较常见的有 JPG、TIFF、PNG、GIF、EPS 和 PSD 等。不同格式的图像各有优势和缺点，在存储文档时，应当根据图像的具体使用方法和途径选择合适的存储格式。

● JPG 格式

JPG 格式为位图的一种，是最常用的一种图片格式，网络图片基本都属于此类。其特点是图片资源丰富且压缩率极高，节省存储空间。只是图片精度固定，有着在放大时图片清晰度会降低的缺点，如图 2-2 所示。

● PNG 格式

PNG 格式的图片提供了 24 位和 48 位真彩色图像的支持，并且支持透明度，可以用来存储包含透明背景的文件，PNG 能够提供长度比 GIF 小 30% 的无损压缩图像文件，如图 2-3 所示。

图 2-2　　　　　　　　　　　　　　图 2-3

提示：目前各类浏览器均支持JPG这种图像格式，由于它的文件尺寸较小、下载速度快，使得Web页有可能以较短的下载时间提供大量美观的图像，JPG同时也就成为网络上最受欢迎的图像格式。

● GIF 格式

GIF 格式不属于任何应用程序，国内相关软件都支持它。GIF 文件采用一种可变长度等压缩算法，最大支持 256 种色彩，经常用于网络传输。GIF 格式的另一个特点是其在一个 GIF 文件中可以存储多幅彩色图像，如果把存储在一个文件中的多幅图像数据逐幅读出并显示到屏幕上，就可构成一种最简单的动画，如图 2-4 所示。

● TIFF 格式

TIFF 是一种无压缩格式，主要用来存储包括照片和艺术图在内的图像，文件体积比 PSD 小，比 PNG 大。TIFF 文件中可以保存图层、路径、Alpha 通道、分色和挂网信息，非常适合印刷和打印输出，如图 2-5 所示。

● EPS 格式

EPS 是跨平台的标准格式，在 PC 平台上的扩展名为 .eps，在 Mac 平台上为 .epsf，主要用于存储矢量图像和光栅图像。EPS 可以存储多色调曲线、Alpha 通道、路径、分色和挂网信息等，常用于印刷和打印输出，如图 2-6 所示。

● PSD 格式

PSD 是 Adobe 公司的图形设计软件 Photoshop 的专用格式。PSD 文件可以存储成 RGB

或 CMYK 模式，还能够自定义颜色数并加以存储，还可以保存 Photoshop 的图层、通道和路径等信息，如图 2-7 所示。

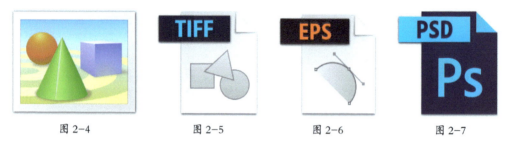

图 2-4　　　　　　　图 2-5　　　　　　　图 2-6　　　　　　　图 2-7

提示：PSD是目前唯一能够支持全部图像色彩模式的格式，通常文件体积很大，适合存储需要多次编辑的文档。

2.2.2　动手操作01——更改图片格式

在上面的内容中已经对常见的图片格式进行了介绍，那么为了将图片融合在微课视频设计中的整体页面中，有时需要对图片格式进行修改，接下来详细介绍如何在 Photoshop 中更改图片的格式。

步骤 01 在 Photoshop 中打开需要更改格式的图片，如图 2-8 所示。双击图层面板中的"背景"图层，将图层转换为普通图层，如图 2-9 所示。

图 2-8

图 2-9

步骤 02 单击工具箱中的"魔棒工具"，修改工具栏中的"容差"为 50，如图 2-10 所示。选中背景，效果如图 2-11 所示。单击"添加到选区"按钮，继续在在画布中添加选区，如图 2-12 所示。

图 2-10

<table>
<tr><td>图 2-11</td><td>图 2-12</td></tr>
</table>

图 2-11   图 2-12

步骤 03 按 Delete 键将背景删除，如图 2-13 所示。按快捷键 Ctrl+D 取消选区，执行"文件 > 导出 > 快速导出为 PNG"命令，将图片导出为 PNG 格式，如图 2-14 所示。

图 2-13   图 2-14

2.2.3   调整图像的大小

如果要修改一个现有文件的像素大小、分辨率和打印尺寸，可以执行"图像大小"命令，通过输入数值达到调整图像大小的目的。

在 Photoshop 中打开需要更改尺寸的图片，如图 2-15 所示。执行"图像 > 图像大小"命令，弹出"图像大小"对话框，如图 2-16 所示。

在"图像大小"对话框中设置"宽度"为 500 像素后，高度也会随之改变，如图 2-17 所示。单击"确定"按钮，图片尺寸将会改变，如图 2-18 所示。

图 2-15

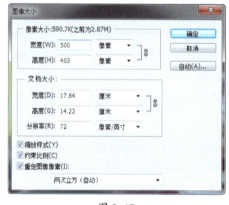

图 2-16

图 2-17

图 2-18

2.2.4　修改画布大小

画布指的是整个文档的工作区域，在实际的操作中，常常会根据需要给图像调整画布的大小。

在 Photoshop 中打开需要更改画布尺寸的图片，如图 2-19 所示。执行"图像 > 画布大小"命令，弹出"画布大小"对话框，如图 2-20 所示。

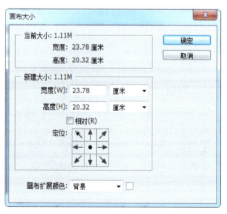

图 2-19

图 2-20

在"画布大小"对话框中设置"宽度"为 600 像素，"高度"为 500 像素，如图 2-21 所示。单击"确定"按钮，图片尺寸将会改变，如图 2-22 所示。

图 2-21 图 2-22

2.2.5 旋转图片

"旋转画布"命令适用于整个图像，不适用于单个图层或图层的一部分、路径以及选区边框。

在 Photoshop 中打开需要旋转的图片，如图 2-23 所示。执行"图像 > 图像旋转 >180°"命令，图像如图 2-24 所示。

图 2-23 图 2-24

2.2.6 图像的变换与变形

图像的变换与变形是最基本的图像处理方法，能够使图像按照自己的意愿随意地进行设计，接下来就向用户介绍怎样进行变换和变形操作。

除了可以对图像执行旋转操作外，还可以通过执行"编辑 > 变换"命令，如图 2-25 所示，对图像进行变换操作。

执行"变换"命令后，图像上会出现定界框、中心点和控制点，如图 2-26 所示。

提示：**"变换"命令可以将变换应用于整个图层、单个图层和多个图层或图层蒙版中，但不能应用于只有"背景"图层的图像。**

变换 ▶	再次(A)　　Shift+Ctrl+T
自动对齐图层...	
自动混合图层...	缩放(S)
	旋转(R)
定义画笔预设(B)...	斜切(K)
定义图案...	扭曲(D)
定义自定形状...	透视(P)
	变形(W)
清理(R) ▶	
	旋转 180 度(1)
Adobe PDF 预设...	旋转 90 度(顺时针)(9)
预设 ▶	旋转 90 度(逆时针)(0)
远程连接...	
	水平翻转(H)
颜色设置(G)...　Shift+Ctrl+K	垂直翻转(V)
指定配置文件...	

图 2-25　　　　　　　　　　　　　　　　图 2-26

> 提示：“图像旋转”命令只能用于旋转整个图像。如果要旋转单个图层中的图像，则需要使用“编辑>变换”菜单中的命令，如果要旋转选区，需要使用“选择>变换选区”命令。

　　图像的变形操作是指对图像文件进行斜切和扭曲操作，首先执行“编辑>自由变换”命令，显示定界框，然后将光标移至定界框内，单击鼠标右键，在弹出的菜单中选择“斜切”或“扭曲”命令。另外也可以执行“编辑>变换>斜切”或“编辑>变换>扭曲”命令直接进行操作。

　　打开一张图片，复制并隐藏“背景”图层，如图 2-27 所示。执行“编辑>变换>斜切”命令，显示定界框，如图 2-28 所示。

图 2-27　　　　　　　　　　　　　　　　图 2-28

　　将光标放置在定界框上位于中间位置的控制点上，单击并拖动鼠标即可对该图像进行斜切操作，如图 2-29 所示。

　　执行“编辑>变换>扭曲”命令，显示定界框，将光标放置在定界框四周的控制点上，单击并拖动鼠标即可对图像进行扭曲操作，如图 2-30 所示。

> 提示：执行“编辑>变换”下拉菜单中的“旋转180 度”“旋转90度（顺时针）”“旋转90度（逆时针）”“水平翻转”和“垂直翻转”命令时，可直接对图像进行变换，而不会显示定界框。

图 2-29   图 2-30

2.2.7　裁剪图片

可以截取图片中的某一部分是裁剪工具的作用之一，它能够减少图片中多余的信息，将保留下来的部分形成局部放大的效果，能够非常有效地将观看者的视线集中起来。

在 Photoshop 中打开需要裁剪的图片，如图 2-31 所示。单击工具箱中的"裁剪工具"，该图像四周会显示图像裁剪框，如图 2-32 所示。

图 2-31   图 2-32

可以通过拖动裁剪框边框的方法来调整裁剪区域，也可以直接在图像上拖动鼠标来绘制裁剪区域，如图 2-33 所示。完成裁剪区域的调整后，单击选项栏上的"提交"按钮，即可对图像进行裁剪操作，效果如图 2-34 所示。

图 2-33   图 2-34

2.2.8　裁切空白边

当使用截图软件截取图片时，用户不小心将图片之外的区域也截到页面中，这时可通过"裁切"命令，去除图像多余的空白边。

在Photoshop中打开需要裁切的图片，如图2-35所示。执行"图像>裁切"命令，弹出"裁切"对话框，在该对话框中进行相应的设置，如图2-36所示。单击"确定"按钮，图像效果如图2-37所示。

图2-35　　　　　　　　　　　图2-36　　　　　　　　　　　图2-37

2.2.9　动手操作02——透视裁剪图像

在Photoshop中将透视裁剪独立成为一个工具，通过使用"透视裁剪工具"在窗口中调整裁剪框的透视角度来对照片进行裁剪操作。

步骤01 在Photoshop中打开需要透视裁剪的图片，如图2-38所示。单击工具箱中的"透视裁剪工具"，在照片中拖动鼠标绘制一个裁剪区域，如图2-39所示。

图2-38　　　　　　　　　　　　　　　图2-39

步骤02 在画布中拖动裁剪区域4个角上的角点，可以调整裁剪区域的透视角度，如图2-40所示。按Enter键，或单击选项栏上的"提交当前裁剪操作"按钮，即可对照片进行透视裁剪，如图2-41所示。

图 2-40　　　　　　　　　　　　　　　　图 2-41

2.3　掌握抠图的技巧

　　在制作微课时，想要换背景，必须将照片中的产品抠出来，抠图的工具有很多，方法也是各种各样，需要灵活使用。例如矩形选框工具、椭圆选框工具、套索工具、多边形套索工具、磁性套索工具、魔棒工具、快速选择工具和钢笔工具等。

2.3.1　矩形选框工具

　　矩形选框工具的使用方法很简单，单击工具箱中的"矩形选框工具"，在画布中拖曳矩形即可创建选区，矩形选框工具用于创建矩形和正方形选区，如图 2-42 所示。

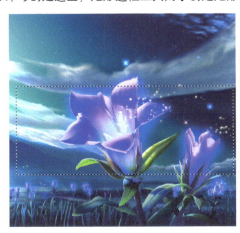

图 2-42

2.3.2　椭圆选框工具

　　椭圆选框工具与矩形选框工具选项栏中的相关选项设置大体相同，只是该工具可以使用"消除锯齿"功能，如图 2-43 所示。

图 2-43

2.3.3　套索工具

"套索工具"的使用方法与选框工具的使用方法基本相同，都是通过在画布中拖曳创建选区，只是"套索工具"比选框工具自由度更大，几乎可以创建任何形状的选区。

打开素材图像，单击工具箱中的"套索工具"，在画布中绘制，如图 2-44 所示。当路径的起始点与终点连接在一起，使路径闭合后，即可自动创建选区，如图 2-45 所示。

图 2-44　　　　　　　　　　　　　　　　　图 2-45

2.3.4　动手操作03——多边形套索工具

使用"多边形套索工具"可以在画布中单击设置选区起点，在其他位置单击，在单击处自动生成与上一点相连接的直线，适合创建由直线构成的选区。

步骤 01 在 Photoshop 中打开需要修改的图片，如图 2-46 所示。选择工具箱中的"多边形套索工具"，单击选项栏中的"添加到选区"按钮，在画布中绘制选区，如图 2-47 所示。

图 2-46　　　　　　　　　　　　　　　　　　图 2-47

步骤 02 按快捷键 Ctrl+J，将选区中的内容复制到一个新的图层中，得到"图层 1"，如图 2-48 所示。打开另一张图片，将其拖到设计文档中，并调整至合适位置，如图 2-49 所示。

图 2-48　　　　　　　　　　　　　　　　　　图 2-49

步骤 03 按快捷键 Ctrl+Alt+G，创建剪贴蒙版，"图层"面板如图 2-50 所示。完成最终效果的制作，如图 2-51 所示。

图 2-50　　　　　　　　　　　　　　　　　　图 2-51

2.3.5 磁性套索工具

"磁性套索工具"具有自动识别绘制对象边缘的功能，如果对象的边缘较为清晰，并且与背景对比明显，使用该工具可以快速选择对象的选区。

单击工具箱中的"磁性套索工具"，在画布中拖动鼠标绘制路径，如果结束当前路径绘制，双击画布，即可创建选区；还可以将鼠标移动到起点位置处单击，即可创建选区，如图 2-52 所示。

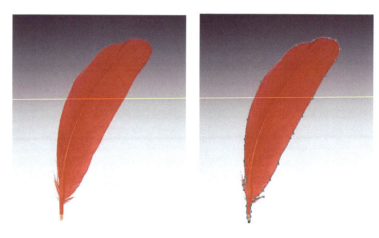

图 2-52

提示：使用磁性套索工具绘制选区的过程中，按住Alt键在其他区域单击，可切换为多边形套索工具创建直线选区；按住Alt键单击并拖动鼠标，可切换为套索工具。

2.3.6 魔棒工具

"魔棒工具"能够选取图像中色彩相近的区域，适合选取图像中颜色比较单一的选区。打开一张图像，如图 2-53 所示，单击工具箱中的"魔棒工具"，在画布中单击即可创建选区，如图 2-54 所示。

图 2-53

图 2-54

2.3.7 动手操作04——快速选择工具

"快速选择工具"能够利用可调整的圆形画笔快速绘制选区，可以拖动或单击以创建选区，选区会向外扩展并自动查找和跟随图像中定义颜色相近的区域。

步骤 01 在 Photoshop 中打开需要修改的图片，如图 2-55 所示。打开另一张需要修改的图片，如图 2-56 所示。

图 2-55   图 2-56

步骤 02 单击工具箱中的"快速选择工具"，并单击选项栏中的"画笔"选取器按钮，在弹出的面板中对相关参数进行设置，如图 2-57 所示。然后在人物上拖动鼠标，绘制选区，如图 2-58 所示。

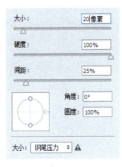

图 2-57   图 2-58

步骤 03 选择"移动工具"将选区中的人物图像拖到文档中，得到"图层 1"，并将其调整到合适的位置和大小，如图 2-59 所示。

图 2-59

2.3.8　钢笔工具

在 Photoshop 中，钢笔工具不仅可以用来绘制图形和路径，还可以对图片进行抠图操作。

在 Photoshop 中打开素材图片，如图 2-60 所示。把素材图片放大，单击工具箱中的"钢笔工具"，将工具模式改为路径，在图片中开始抠图的地方单击一下，就出现了一个钢笔锚点。在素材中围绕青蛙边缘进行单击，如图 2-61 所示。

图 2-60

图 2-61

在路径内部单击鼠标右键，在弹出的快捷菜单中选择建立选区工具，可将路径转换成选区，如图 2-62 所示。按快捷键 Ctrl+J，抠出并复制选区，把背景图片拖到 Photoshop 中，调整图层，最终效果如图 2-63 所示。

图 2-62

图 2-63

2.3.9　自由钢笔工具

"自由钢笔工具"的使用方法与"套索工具"非常相似。单击工具箱中的"自由钢笔工具"，在画布中单击并拖动鼠标，即可绘制路径。

路径的形状为光标运行的轨迹，Photoshop 会自动为路径添加锚点。如图 2-64 所示为"自由钢笔工具"绘制的路径及转换的选区。

图 2-64

2.4 为图片添加文字

在设计制作中，为了使页面中的文字效果更加吸引人，以加强整个画面的视觉效果，经常会通过改变文字的字体、字号和字形以达到最终实现的页面效果。

2.4.1 添加横排文字

文字是设计作品的重要组成部分，它不仅可以传达信息，还能起到美化版面、强化主题的作用。Photoshop 提供了多个用于创建文字的工具，文字的编辑方法也非常灵活。为了使图片更加吸引眼球，接下来简单地讲解一下如何添加横排文字。

打开一张图片，如图 2-65 所示。单击"横排文字工具"，在图像上输入文字内容，如图 2-66 所示。

图 2-65   图 2-66

2.4.2 动手操作05——添加直排文字

点文字是一个水平或垂直的文本行，在处理标题等字数较少的文字时，可以通过点文字来完成。添加直排文字和横排文字的方法基本相同。

步骤01 在 Photoshop 中打开素材图片，如图 2-67 所示。设置"前景色"为白色，单击工具箱中的"直排文字工具"，打开"字符"面板，设置相应的参数，如图 2-68 所示。

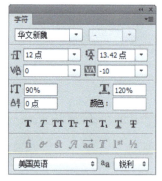

图 2-67　　　　　　　　　　　　　　　　图 2-68

步骤02 完成选项栏的设置后，输入文字，如图 2-69 所示。使用相同方法完成其他文字内容的输入，调整文字的大小和位置，最终效果如图 2-70 所示。

图 2-69　　　　　　　　　　　　　图 2-70

2.4.3　水平文字与垂直文字的相互转换

在 Photoshop 中，水平文字与垂直文字之间也可以相互转换。如图 2-71 所示为水平文字，执行"文字 > 取向 > 水平 / 垂直"命令，或者单击选项栏中的"切换文本取向"按钮，即可将其转换为垂直文字，如图 2-72 所示。

图 2-71　　　　　　　　　　　　　图 2-72

2.4.4 将文字转换为选区范围

打开一张图像，使用"横排文字工具"在画布中输入相应的文字，如图 2-73 所示。选择文字图层，在按住 Ctrl 键的同时单击"图层"面板上的文字图层缩览图，就可以调出文字的选区范围，如图 2-74 所示。

图 2-73   图 2-74

2.4.5 将文字转换为路径

打开一张图像，使用文字工具在图像上输入相应的文本内容，如图 2-75 所示。选择文字图层，执行"文字 > 创建工作路径"命令，可以基于文字创建工作路径，原文字属性保持不变。将文字创建为工作路径后，可以应用填充和描边，或者通过调整锚点对文字进行变形操作，但需要注意的是这些操作都需要新建图层，如图 2-76 所示。

图 2-75   图 2-76

2.5 处理图片的色调

在微课设计中，经常需要使用一些图片，但有时难免会出现使用的图片与 PPT 的整体色调不符的情况，这时用户可通过 Photoshop 中的调整命令，例如"自动色调""自动对比度""自动颜色"、"亮度/对比度"、"自然饱和度"、"色相/饱和度"、"色彩平衡"和"照片滤镜"等，对图片进行处理，从而达到最佳的页面视觉效果。

2.5.1 直方图

在一些高档数码相机的 LCD（显示屏）上可以显示直方图，用户可以通过直方图随时查看照片的曝光情况。另外，在调整数码照片的影调时，直方图也发挥着非常重要的作用。

在 Photoshop 中，直方图用图形表示图像的每个亮度级别的像素数量，显示了像素在图像中的分布情况。通过查看直方图，就可以判断出图像的阴影、中间调和高光中包含的细节是否充足，以便对其进行适当的调整。

打开一张图片，如图 2-77 所示。执行"窗口>直方图"命令，打开"直方图"面板，在该面板中可以查看图像的直方图，如图 2-78 所示。

图 2-77　　　　　　　　　　　　　　图 2-78

提示：大多数直方图形态较为实用，但有时也不能掩盖复杂的影调关系。例如，当拍摄白色沙滩上的白色冲浪板时，即使直方图极端偏右也没有什么好奇怪的，因此，只需要确认是否有暗部缺失或高光溢出等必要信息，不必对图像分布趋势过于敏感。

2.5.2 "自动色调"调整色调

"自动色调"命令可以自动调整图像中的黑场和白场，将每个颜色通道中最亮和最暗的像素映射到纯白（色阶为 255）和纯黑（色阶为 0），中间像素值按比例重新分布，从而增强图像的对比度。打开色调有些发灰的图像，如图 2-79 所示。执行"图像>自动色调"命令，Photoshop 会自动调整图像，使色调变得清晰，如图 2-80 所示。

图 2-79

图 2-80

2.5.3 "自动对比度"调整亮度

"自动对比度"命令可以自动调整图像的对比度，使高光区域看上去更亮，阴影区域看上去更暗。如图 2-81 所示为一张有些发暗的图像，对其执行"图像 > 自动对比度"命令，最终图像效果如图 2-82 所示。

图 2-81   图 2-82

2.5.4 "自动颜色"调整色彩

"自动颜色"命令可以通过搜索图像来标示阴影、中间调和高光，从而调整图像的对比度和颜色，可以使用该命令来校正出现色偏的照片。

打开一张图片，如图 2-83 所示。执行"图像 > 自动颜色"命令，即可校正颜色，如图 2-84 所示。

图 2-83   图 2-84

2.5.5 调整"亮度/对比度"

"亮度 / 对比度"命令主要用来调整图像的亮度和对比度。虽然使用"色阶"和"曲线"命令都能实现此功能，但是这两个命令使用起来比较复杂，而使用"亮度 / 对比度"命令可以更加简便、直观地完成亮度和对比度的调整。

打开一张图像，如图 2-85 所示。执行"图像 > 调整 > 亮度 / 对比度"命令，打开"亮度 / 对比度"对话框，如图 2-86 所示。

图 2-85 图 2-86

在"亮度 / 对比度"对话框中可以对图像的亮度和对比度进行调整，向左拖动滑块可降低亮度 / 对比度，如图 2-87 所示，向右拖动滑块可增加亮度 / 对比度，如图 2-88 所示。

图 2-87 图 2-88

2.5.6 "色阶"命令

"色阶"可以调整图像的阴影、中间调和高光的强度级别，校正色调范围和色彩平衡，它是 Photoshop 中最为重要的调整工具之一。简而言之，"色阶"不仅可以调整色调，还可以调整色彩。

打开一张图片，如图 2-89 所示，执行"图像 > 调整 > 色阶"命令，或按快捷键 Ctrl+L，打开"色阶"对话框，如图 2-90 所示。对话框中的直方图可以作为调整的参考依据，但它不能实时更新。

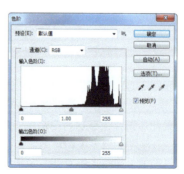

图 2-89 图 2-90

2.5.7 调整 "曲线"

"曲线"命令也是用来调整图像色彩与色调的，它比"色阶"命令的功能更加强大，色阶只有3个调整功能：白场、黑场和灰度系数，而"曲线"命令允许在图像的整个色调范围内（从阴影到高光）最多调整16个点。在所有的调整工具中，曲线可以提供最为精确的调整结果。

打开一个文件，如图2-91所示。执行"图像>调整>曲线"命令，打开"曲线"对话框，如图2-92所示。

图 2-91

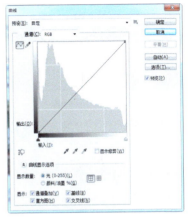

图 2-92

> 提示：RGB 模式的图像可以调整RGB复合通道和红色、绿色、蓝色通道，CMYK 模式的图像可调整CMYK复合通道和青色、洋红、黄色和黑色通道。

通过调整曲线上的点，调整图像效果，如图2-93所示。单击"确定"按钮，完成曲线的设置，图像效果如图2-94所示。

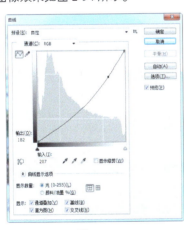

图 2-93

图 2-94

2.5.8 调整"色相/饱和度"

"色相/饱和度"命令可以调整图像中特定颜色范围的色相、饱和度和亮度，或者同时调整图像中的所有颜色。该命令尤其适用于微调 CMYK 图像中的颜色，以便它们处在输出设备的色域内。在 Photoshop 中打开需要更改色调的图片，如图 2-95 所示，创建如图 2-96 所示的选区。

图 2-95

图 2-96

使用快捷键 Ctrl+J 将其复制到新图层中，选择"图层 1"图层，如图 2-97 所示。执行"图像 > 调整 > 色相 / 饱和度"命令，在"色相 / 饱和度"对话框中设置相应参数，如图 2-98 所示。

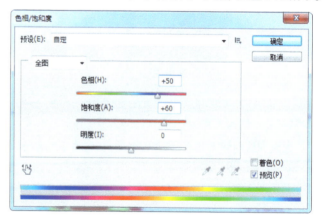

图 2-97

图 2-98

设置完成后单击"确定"按钮，最终图像效果和"图层"面板如图 2-99 所示。

图 2-99

提示：在Photoshop中也可通过单击鼠标右键，在弹出的快捷菜单中执行"选择反向"命令，完成反向选择选区的操作。

2.5.9 使用"替换颜色"

"替换颜色"命令可以选择图像中的特定颜色，然后将其替换。该命令的对话框中包含颜色选择和颜色调整选项，其中颜色的选择方式与"色彩范围"命令基本相同，而颜色的调整方式又与"色相／饱和度"命令十分相像。

在 Photoshop 中打开需要更改颜色的图片，如图 2-100 所示。复制"背景"图层得到"图层 1"图层，如图 2-101 所示。

图 2-100　　　　　　　　　　　　　　　图 2-101

执行"图像 > 调整 > 替换颜色"命令，打开"替换颜色"对话框，如图 2-102 所示。使用"吸管工具"在图像中选择需要替换的颜色，通过"添加到取样""从取样中减去"和"颜色容差"选项，确定需要替换的颜色范围，如图 2-103 所示。

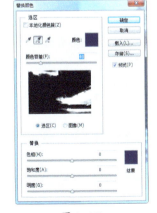

图 2-102　　　　　　　　　图 2-103

在"替换颜色"对话框中的"替换"选项区中进行相应的设置，如图 2-104 所示，将选取的颜色范围替换为其他颜色。单击"确定"按钮，完成"替换颜色"对话框的设置，可以看到图像中的颜色有了改变，最终效果如图 2-105 所示。

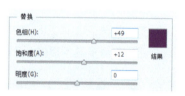

图 2-104

图 2-105

2.5.10　动手操作06——"匹配颜色"命令改变色调

"匹配颜色"命令可以将一个图像（源图像）中的颜色与另外一个图像（目标图像）中的颜色相匹配，它比较适用于使多张图片的颜色保持一致。此外，该命令还可以匹配多个图层和选区之间的颜色。

步骤 01 在 Photoshop 中打开需要修改的人物图片，如图 2-106 所示。打开另一张背景图片，如图 2-107 所示。

图 2-106

图 2-107

步骤 02 在人物图片中，复制"图层 0"图层得到"图层 0 副本"图层，如图 2-108 所示。选择"图层 0 副本"图层，执行"图像＞调整＞匹配颜色"命令，打开"匹配颜色"对话框，如图 2-109 所示。

图 2-108

图 2-109

步骤 03 在"源"下拉列表中选择背景图片，并对相应的选项进行设置，如图 2-110 所示。单击"确定"按钮，完成"匹配颜色"对话框的设置，如图 2-111 所示。

图 2-110

图 2-111

步骤 04 复制"图层 0 副本"图层得到"图层 0 副本 2"图层，并设置其"混合模式"为"叠加"，"不透明度"为 30%，如图 2-112 所示。最终效果如图 2-113 所示。

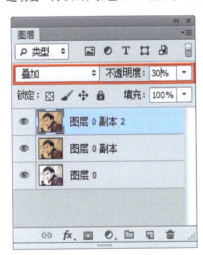

图 2-112

图 2-113

2.6 本章小结

　　制作微课时，应尽量选择高质量且清晰的图片，避免在播放过程中，因图片质量过低而影响观看效果，也不要选用与教学主题无关的图片，以免影响了微课的整体美感，过多地分散学生的注意力。

本章主要讲解了 Photoshop 处理图片的功能，通过本章的学习，希望用户能够掌握图片的基本处理。

2.7 课后练习

在对 Photoshop 的基础知识进行讲解后，接下来就通过实际的课后练习帮助用户掌握 Photoshop 的操作技巧。

步骤 01 打开 Photoshop，执行"文件 > 打开"命令，打开需要修改的素材图片，图像效果如图 2-114 所示。

图 2-114

步骤 02 使用"文字工具"，打开"字符"面板，如图 2-115 所示。在画布中单击并输入文字，如图 2-116 所示。

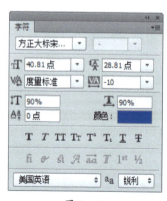

图 2-115

图 2-116

步骤 03 使用相同的制作方法，完成其他文字内容的输入，图像效果和"图层"面板如图 2-117 所示。

图 2-117

步骤 04 将最后一层文字图层选中。为该文字图层添加"投影"图层样式，对相关选项进行设置，如图 2-118 所示，页面效果如图 2-119 所示。

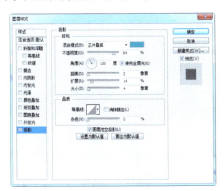

图 2-118

图 2-119

步骤 05 执行"文字 > 文字变形"命令，打开"变形文字"对话框，如图 2-120 所示。设置完成后，单击"确定"按钮，并使用"移动工具"将该文字移至合适的位置，如图 2-121 所示。

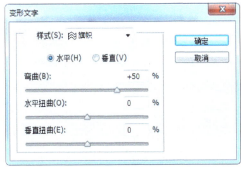

图 2-120

图 2-121

03

Chapter

图像捕获——HyperSnap和Snagit的使用

在制作微课和慕课的过程中，需要使用到多种素材合成为一个视频文件，例如音频的编辑、图像的处理。本章将主要讲解使用HyperSnap和Snagit对图像文件进行捕获和编辑。

3.1　HyperSnap的基本介绍

　　HyperSnap 是屏幕捕获软件中最快捷、最简单的工具之一。此软件兼备了一流的屏幕捕获应用及先进的图像编辑功能。两种功能完美融合在一起，使软件工具极其强大。

　　使用 HyperSnap 可以以图像形式快速分享电脑屏幕上的任何内容。HyperSnap 软件非常容易掌握，用户可以通过软件提供的帮助系统学习软件的基本操作。帮助系统包括在线教程、操作指南和学习资料等内容。同时 HyperSnap 允许用户快速自定义菜单及工具栏、自定义快捷键，创建快速启动工具栏等操作，甚至可以用语音命令控制 HyperSnap。

　　HyperSnap 软件界面如图 3-1 所示，具体功能如下。

图 3-1

> ➢　功能强大的图像捕获编辑、注释及处理工具。
> ➢　捕获的图像自动以图像文件格式保存。
> ➢　强有效的图像浏览器及格式转换。
> ➢　十余种捕获方式，包括区域捕获、按钮捕获，以及长网页使用的自动滚动捕获。
> ➢　适用于各种 Windows 系统的性能，支持从 Windows 10 到 XP 的所有 Windows 系统。

3.2　使用HyperSnap捕获图像

　　通过使用 HyperSnap 可以轻松实现对图像的捕获。在"捕获设置"选项卡下包含了四部分的内容，分别是捕获图像、区域设置、自动和设置，如图 3-2 所示。用户可以根据需要选择不同的步骤方法捕获图像。

图 3-2

3.2.1　使用HyperSnap捕获窗口

捕获窗口是最常用的捕获方式之一，用户可以使用此功能捕获屏幕上的任何窗口（指屏幕上任何封闭的矩形区域）。

打开或最小化 HyperSnap 软件，要捕获的区域必须出现在屏幕上，使用快捷键 Ctrl+Shift+W 或者单击"捕捉设置"选项卡中的"窗口"按钮，如图 3-3 所示。

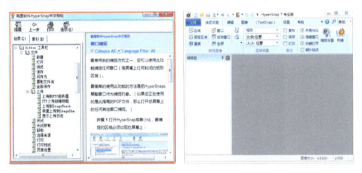

图 3-3

提示：如果未记住正确的快捷键组合，打开HyperSnap软件，单击"捕捉设置"选项卡，然后单击"快捷键"按钮，设置快捷键组合后最小化HyperSnap，即可使用快捷键捕获。

在屏幕内移动光标，可以捕获的窗口外框闪动提示。当想要捕获的区域被标示出来时，单击鼠标左键。HyperSnap 会捕获到此窗口并将其显示在 HyperSnap 软件的工作区，如图 3-4 所示。

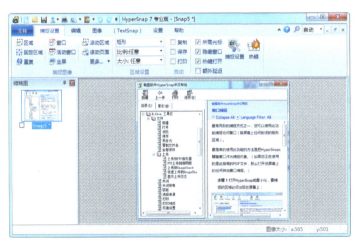

图 3-4

> **提示**：如果HyperSnap窗口不是全屏大小，单击软件右上角的最大化按钮,即可将其放大至全屏模式。再次单击此按钮可以将其缩小（恢复原始大小）。

> **提示**：如果捕获到的图像比屏幕大，可以使用鼠标的滚动轴查看整幅图像，或者单击右上角的"切换缩放"按钮,显示完整的截图。

3.2.2 使用HyperSnap捕获区域

区域捕获是另一种经常用到的捕获方式。这种捕获方式可以使用户保存屏幕中的任何一部分或者大于屏幕的部分。此捕获与修剪照片非常相似，用户在屏幕上创建了一个框，将想捕获的区域包含进去。

打开或最小化HyperSnap软件，将要捕获的区域在桌面上显示，按下快捷键 Ctrl+Shift+R 或单击"捕捉设置"选项卡中的"区域"按钮，如图 3-5 所示。

图 3–5

在用户想捕获区域的左上角位置单击并按住鼠标左键，沿斜对角向下拖曳，当屏幕上的光标到达选择区域的右下角时松开鼠标左键后，再次单击，HyperSnap 将捕获在框内的图像，并在其窗口内显示，如图 3-6 所示。

图 3–6

3.2.3 使用HyperSnap捕获滚动页面

　　滚动页面捕获可以使用户仅通过一个操作，就可以完成屏幕以下的整个页面的捕获。通过这种捕获方法，用户可以捕获并保存一个网站或其他应用程序的长页面，而不用将页面分成几次捕获后再拼合。

　　将 HyperSnap 打开或最小化，网页在屏幕上打开，确定捕获开始的位置在此页的顶端。如果想从此页的顶端开始捕获，只需要保持页面默认的状态，如图 3-7 所示。

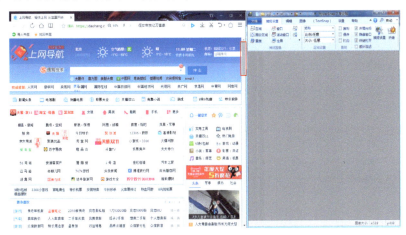

图 3-7

提示：如果想在此页面下面的某个特定位置开始捕获，那么滑动垂滚动条，直到希望的位置在页面的最上端。

　　按下快捷键 Ctrl+Shift+S，在窗口内部单击鼠标左键，HyperSnap 将开始滚动页面直到到达页面底端，然后自动捕获。想要提前结束捕获，按下 Esc 键，HyperSnap 将捕获在框内的图像，并在其窗口内显示，如图 3-8 所示。

图 3-8

提示：有些活动的或者不能滚动的页面，以及一些应用软件也许会限制或阻止HyperSnap捕获整个滚动页面。

3.3　使用HyperSnap绘制形状

切换到"编辑"选项卡可以为捕获后的图像绘制说明图形，此选项卡中包含"编辑"工具组合（剪切、复制、粘贴等）、绘图工具和颜色工具，如图 3-9 所示。

图 3-9

3.3.1　编辑工具的使用

通过使用编辑工具可以对捕获的图形进行复制、粘贴及清除等操作，如图 3-10 所示为 HyperSnap 中的编辑工具。

图 3-10

- ➢ 剪切：将选定的区域放到粘贴板上，将选定的区域位置用当前设定的背景色填充。
- ➢ 复制：将当前图像中选中的区域粘贴到粘贴板上，保持像在 HyperSnap 窗口中一样。
- ➢ 粘贴：将 Windows 粘贴板上的内容贴到当前的图像，或作为新图像粘贴，这取决于选定的粘贴区域。
- ➢ 撤销：当用户在打开的图像上面做了一些修改的时候，撤销上次的动作。单击"撤销"按钮可以撤销 10 次最近在此图像上做的修改。
- ➢ 恢复：恢复之前撤销的动作，返回上一步，恢复命令只能返回之前用撤销工具撤销的动作。
- ➢ 清除：如果图像区域被选择工具选中，清除此区域将回到当前的背景色。
- ➢ 选择：将光标转换成形状编辑或者矩形选择工具。一共提供了徒手选择、矩形选择、选择形状和旋转所有形状四种方式供用户使用。
- ➢ 视图：包含了"隐藏所选图形"和"显示所有图形"两个选项。可以分别实现隐藏所选图形和显示所有图形的操作。
- ➢ 前移：单击将选定的图形移动到其他图形的前面。
- ➢ 后移：单击将选中的形状向后放置，即将这些形状放置在其他的底层。
- ➢ 定形：选择此项，将选定的图形永久地变成底层图像的一部分。
- ➢ 对齐方式：用户可以在此选项下选择不同的对齐方式，包括左对齐、右对齐、居中对齐、靠上、靠下和水平居中。

3.3.2 动手操作01——使用绘图工具

通过使用绘图工具可以为捕获的图像添加相应图像，下面通过一个实际操作为用户详细进行讲解。

步骤 01 打开 HyperSnap，按下快捷键 Ctrl+Shift+R 捕获图像，如图 3-11 所示。HyperSnap 将捕获在框内的图像，并在其窗口内显示，如图 3-12 所示。

图 3-11   图 3-12

步骤 02 在"编辑"选项卡中单击"标注"按钮，选择相应的标注样式，页面窗口如图 3-13 所示。

图 3-13

> **提示：** 单击"标注"按钮右侧的黑色三角形，可以选择三种不同的注释外框形状。通过拖动注释框四周的控制点，可以调整注释框的大小。

步骤 03 在画板中绘制如图 3-14 所示的注释框。双击注释框，打开"编辑文本"对话框，单击"日期"按钮，如图 3-15 所示。

图 3-14   图 3-15

步骤04 单击"确定"按钮，可以观察到图像效果，如图 3-16 所示。使用相同方法完成相似内容的制作，如图 3-17 所示。

图 3-16

图 3-17

3.3.3　颜色编辑器的使用

　　"颜色编辑器"主要用来为绘制的形状添加颜色，如图3-18所示。下面为用户详细讲解"颜色编辑器"的组成及使用方法。

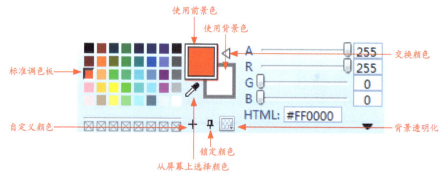

图 3-18

> ➢ 标准调色板：调色板上显示可用的颜色，单击就可以替换为图像中的背景色或者前景色。
> ➢ 从屏幕上选择颜色：可以使用吸管工具直接在图像上任何位置单击，以吸取单击位置的颜色。
> ➢ 自定义颜色：可以将选中的颜色保存，以便能多次使用。首先设置好前景色或背景色的颜色，然后单击"添加到自定义颜色"按钮，即可完成自定义颜色的添加。此时图标会变为"-"，再次单击此按钮，即可删除自定义颜色。
> ➢ 使用前景色：默认情况下用来设置图形描边的颜色。
> ➢ 使用背景色：默认情况下用来设置图形填充的颜色。
> ➢ 交换颜色：单击此箭头交换前景色和背景色。
> ➢ 锁定颜色：单击此图标，锁定颜色，此颜色将被使用到所有的图像中。
> ➢ 背景透明化：单击此方格将图像以透明背景保存，透明背景色只适用于某些格式的文件，例如 GIF 或者 PNG。

提示： 在绘制图形时，单击激活前景色时，背景色将作为填充色。单击激活背景色时，前景色将作为填充色。

3.4 使用HyperSnap编辑图像

用户可以在"图像"选项卡中完成图像的编辑操作。"图像"选项卡中包含了编辑图像的绝大多数工具，如图3-19所示。

图 3-19

此选项卡被分成了四组，修改、旋转、特效和颜色。每个标签页的底部显示此组的名称。"用户工具"按钮位于选项栏的右侧。

3.4.1 修改图像

在很多时候，使用 HyperSnap 捕获图像后，需要对图像进行再次处理，例如删除不需要的部分，这时就可以使用裁剪和剪切工具对图像进行处理。

1. 修剪

单击"修剪"按钮，在图像上出现辅助线，在裁切起点位置单击并按下鼠标左键，沿斜对角拖曳，直到包含了用户想保留的区域，如图 3-20 所示。单击鼠标左键，即可完成裁剪操作，裁剪效果如图 3-21 所示。

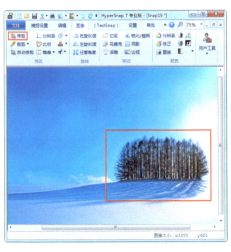

图 3-20

图 3-21

2. 裁剪

"裁剪"下拉菜单中提供了 4 种选项：水平切片、垂直切片、水平插入和垂直插入，4种裁剪效果如图 3-22 所示。

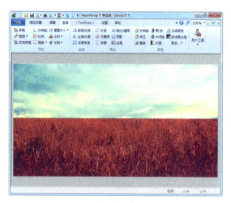
水平切片

垂直切片

水平插入

垂直插入

图 3-22

3. 水印

为了避免个人的图像被别人随意使用。常常会为图像添加水印，用来说明图像的相关信息，便于识别图像且可以阻止未经授权被别人使用。接下来讲解如何为图像添加水印。

水印可以是图像，也可以是自定义的文本类型。其中文本又可以包含当前日期、时间及文件名称等。

在 HyperSnap 编辑器，在"图像"选项卡中单击"水印"按钮，弹出"编辑水印"对话框，如图 3-23 所示。

图 3-23

3.4.2　旋转图像

旋转图像是对图像进行向左、向右或任意角度的旋转。选择"图像"选项卡，单击"右旋90度"按钮，即可完成图像的旋转，效果如图3-24所示。单击"任意角度"按钮，在弹出的"旋转图形"对话框中可以设置旋转的角度和效果，如图3-25所示。

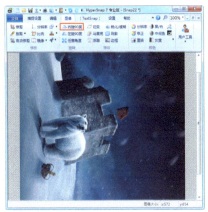

图 3-24　　　　　　　　　　　　　　　　　图 3-25

提示：将图像向右/向左旋转90度功能最有用的是，当相机竖直拍摄时，用来将照片旋转到正确的角度。

3.4.3　图像特效

对图像进行基本调整后，还可以为图像添加特效。特效的添加可以起到丰富图像整体效果的作用。"特效"选项如图3-26所示。

图 3-26

分别为图像添加马赛克、浮雕和锐化/模糊特效，完成效果如图3-27所示。

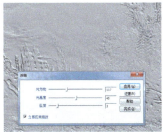

马赛克　　　　　　　　　　　　浮雕　　　　　　　　　　　锐化 / 模糊

图 3-27

3.5 Snagit界面的基本介绍

利用 Snagit 的捕获界面能够捕获屏幕上的图像和文本并打印输出。通过内嵌编辑器，可以对捕获结果进行改进。

Snagit 最具特色的功能是将图像上的文本直接转换为可编辑的数字文本，这一功能甚至无须剪切和粘贴。Snagit 可以控制和自动捕获屏幕，还能将截图直接嵌入 Word、PowerPoint 和 IE 浏览器中。

Snagit 是一个极其优秀的捕获图形的软件，其编辑界面如图 3-28 所示。和其他捕获屏幕软件相比，它有以下几个特点。

➢ 捕获的种类多：不仅可以捕获静止的图像，而且可以获得动态的图像和声音，另外还可以在选中的范围内只获取文本。

➢ 捕获范围极其灵活：可以选择整个屏幕、某个静止或活动窗口，也可以自己随意选择捕获内容。

➢ 输出的类型多：可以以文件的形式输出，也可以把捕获的内容直接发 e-mail 给朋友，还可以编辑成册。

➢ 具备简单的图形处理功能：利用它的过滤功能可以将图形的颜色进行简单处理，也可对图形进行放大或缩小。

图 3-28

3.6 管理Snagit的配置文件

用户可以根据个人的需求来设置配置文件。Snagit 既可以按照配置文件的设置完成捕获，又可以选择添加一个效果或自动将捕获发送到一个特定的共享目标。还可以指定一个快捷键随时启动捕获。配置文件的设置包括捕获文件类型、捕获区域、快捷键和保存地址等内容。

用户可单击"管理配置文件"按钮，在弹出的"管理配置文件"对话框中对 Snagit 的配置文件进行设置，如图 3-29 所示。

图 3-29

3.6.1 添加配置文件

用户可根据自己的需要添加配置文件，并设置自己的捕获设置。提高工作效率的同时，也能够减少不必要的操作。

在"管理配置文件"对话框中单击"新建配置文件"按钮，如图 3-30 所示。一个新的配置文件出现在"我的配置文件"中，为其重新指定一个名称后，按 Enter 键，即可完成新配置文件的创建，如图 3-31 所示。

图 3-30   图 3-31

3.6.2 编辑配置文件

配置文件的设置包括图像、视频、选择、分享、效果、选项和快捷键等内容，在对话框的底部选择所需的文件设置，并进行添加，如图 3-32 所示。设置完成后，单击"保存"按钮即可。

图 3-32

- ➢ 图像：在用户的屏幕上捕获任何图像文件。
- ➢ 视频：记录屏幕和声音的任何视频文件。
- ➢ 选择：选择定义在屏幕上捕获的内容区域或类型，单击其右侧的三角形按钮，可以看到"选择"选项的全部内容，如图 3-33 所示。单击"选择属性"按钮，弹出"捕获类型属性"对话框，如图 3-34 所示。

图 3-33   图 3-34

- ➢ 分享：选择一个共享输出，将捕获直接发送到用户的所需目的地，如图 3-35 所示为"分享"选项的下拉菜单内容。单击"共享属性"按钮，弹出"共享属性"对话框，如图 3-36 所示。

图 3-35   图 3-36

➢ 效果：自动为捕获的内容添加效果，例如标题、水印和边缘效果等，如图 3-37 所示为"效果"
选项的下拉菜单内容。

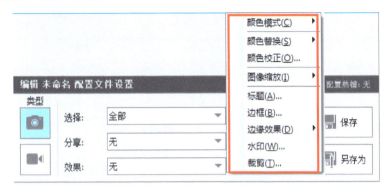

图 3-37

➢ 捕获选项：在捕获选项中包括光标、定时捕获、编辑器和快捷键等内容。

● 光标：启用此选项，在图像捕获中将包括光标内容，在视频捕获中光标也自动地包括其中。

● 定时捕获：执行定时捕获，选择一个指定日期和时间或在规定的时间间隔执行捕获，如图
3-38 所示为"定时器设置"对话框。

● 编辑器：在 Snagit 编辑器中打开捕获的图像。

● 快捷键：为所选的配置文件设置一个快捷键，如图 3-39 所示为"更改热键配置"对话框。

图 3-38

图 3-39

3.7   使用Snagit抓取图像

Snagit 是如今较为流行的抓图软件，如果用户在"启动"菜单中新建一个快捷方式，并
在快捷方式上单击鼠标右键，在文件地址中添加 /h/i/t 三个参数，就会发现当启动 Windows 时，
Snagit 会自动加载，而且窗口会一闪而过，甚至在系统任务栏上也看不到它的图标。但是我
们仍然可以按下相应的快捷键抓取图像。

3.7.1　抓取图像

使用 Snagit 可以捕获用户的屏幕上的任何一个区域，例如一个区域、一个窗口、滚动区域和整个屏幕，如图 3-40 所示。接下来详细介绍如何使用 Snagit 的使用方法。

图 3-40

打开想要捕获的内容，将光标移到捕获窗口上，如图 3-41 所示。捕获窗口扩展，单击"捕获"按钮，如图 3-42 所示。

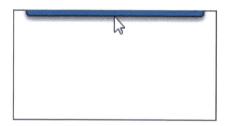 

图 3-41　　　　　　　　　　　　　　图 3-42

当橙色的十字线出现时，就可以选择以下几个区域来捕获图像内容。

➤ 整个屏幕：移动光标，直到一个橙色边框出现在整个屏幕的周围。单击选择突出显示的区域，在一般情况下，用户会移动光标到顶部或底部的屏幕来突出整个屏幕，如图 3-43 所示。

图 3-43

➤ 窗口：将光标移到窗口捕获。当一个橙色虚线边框出现在窗口周围时，单击高亮显示的区域，如图 3-44 所示。

➢ 区域：单击并拖动可在屏幕上选择所需的区域，如图 3-45 所示。

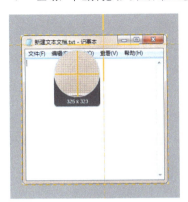

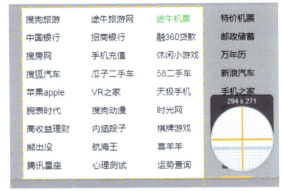

图 3-44

图 3-45

➢ 滚动区域：将光标移到窗口上。单击箭头可以捕获水平滚动区、垂直滚动区域或整个滚动区域，如图 3-46 所示。用户可以通过拖动四周的控制手柄来调整选定区域，如图 3-47 所示。

图 3-46

图 3-47

单击"捕获图像"按钮，完成图像的捕获。接下来将自动进入 Snagit 编辑器窗口，如图 3-48 所示。

图 3-48

3.7.2 使用Snagit编辑图像

一般情况下，用户捕获的图像会自动在 Snagit 编辑器中打开。用户可以在该编辑器中对图像进行二次编辑，添加说明或样式，实现更符合要求的图像效果。

Snagit 编辑器的功能非常丰富，总的来说分为两大类，分别是"工具"和"图像"。用户可以在"工具"选项卡中完成图形的绘制，在"图像"选项卡中完成对图像的再次调整。

使用鼠标框选某部分后，按下工具栏"图像"选项卡上的"修剪"按钮可以把选中部分裁剪下来，如图 3-49 所示。按下"复制"按钮可以把它复制到剪贴板中。同时，在边框、效果、边缘等按钮下还有很多的图像处理功能，巧妙地利用它们，可以为图像增添更多丰富的效果。

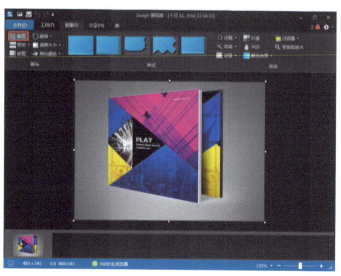

图 3-49

Snagit 可以根据用户的设置自动对抓取的图像进行过滤处理。单击"图像"选项卡中的"过滤器"按钮，弹出如图 3-50 所示的下拉菜单。可以根据个人的需求选择不同的过滤器，实现不同的过滤效果。

如果想要调整截图的颜色，可以单击"图像"选项卡上的"颜色效果"按钮，弹出如图3-51 所示的下拉菜单。可以选择不同的命令，以获得不同的颜色效果。

图 3-50 　　　　　 图 3-51

3.7.3　动手操作02——抓取视频

　　使用 Snagit 也可用来捕获屏幕和声音，然后作为 MP4 视频文件在 Snagit 编辑器中播放，接下来讲解如何使用 Snagit 抓取视频。

步骤 01 打开想要捕获的内容，将光标移到捕获窗口上，如图 3-52 所示。捕获窗口扩展，单击"捕获"按钮，如图 3-53 所示。

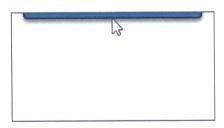

图 3-52　　　　　　　　　　　　　　图 3-53

步骤 02 出现橙色的十字线，创建录制的视频范围，如图 3-54 所示。单击"视频捕获"按钮，如图 3-55 所示。

图 3-54　　　　　　　　　　　　　　图 3-55

步骤 03 在倒数三秒后开始录制，如图 3-56 所示。出现视频记录工具栏，页面效果如图 3-57 所示。

图 3-56　　　　　　　　　　　　　　图 3-57

> 提示：选择视频记录区域后，出现视频记录工具栏，接下来对其中基本的按钮进行简单的介绍。
>
> 开始录制 ●：单击"开始"按钮启动"3秒视频倒计时"。也可使用快捷键Shift+F9开始录制。
>
> 重新启动 ↺：当用户想重新开始时，可单击"重新启动"按钮，删除当前记录，并使用相同的记录设置开始启动。
>
> 暂停录制 ❚❚：单击"暂停"按钮停止录制，单击"录制"按钮 ● 继续录制。
>
> 完成录制 ■：单击"完成录制"按钮结束录制。也可使用快捷键Shift+F10完成录制。

步骤 04 单击录制完成按钮，出现"生成视频"指示文字，如图 3-58 所示。进入 Snagit 编辑器中对视频进行处理和保存，如图 3-59 所示。

图 3-58

图 3-59

3.7.4　动手操作03——抓取视频单帧

使用 Snagit 可以实现图像和视频的抓取，大大方便了用户的使用。同时使用 Snagit 还可以轻松抓取视频中的视频单帧，也就是把使用 Snagit 录制的视频在编辑器中播放期间的某一帧画面直接抓取为图像。

步骤 01 在编辑器中播放刚刚录制的视频，在想要截取图像的时候单击"暂停"按钮，如图 3-60 所示。

图 3-60

步骤 02 单击"捕获帧"按钮，如图 3-61 所示，窗口中会出现新的截图画面，如图 3-62 所示。执行"文件 > 保存"命令，就可以把在视频中截取的图像保存。

图 3-61

图 3-62

3.8 使用Snagit绘制形状

使用 Snagit 编辑器，通过"工具"选项卡中的绘制工具可对图像进行编辑、绘制图形，以及添加或更改样式。本节主要对 Snagit 编辑器的使用进行详细的讲解。

3.8.1 了解"工具"选项卡

使用 Snagit 完成截取操作后，截取的图像会自动在 Snagit 编辑器中打开，通过利用 Snagit 编辑器预览、编辑和共享捕获图像，如图 3-63 所示为 Snagit 编辑器"工具"选项卡窗口。

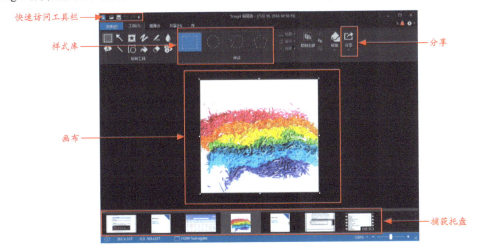

图 3-63

➤ 快速访问工具栏：单击"自定义快速访问工具栏"，在下拉菜单中显示用户需要的菜单项，如图3-64所示。用户可选择"更多命令"选项，在"自定义快速访问工具栏"窗口中，添加显示常用命令。如图3-65所示。

图 3-64　　　　　　　　　　　图 3-65

➤ 画布：画布是 Snagit 编辑器预览编辑捕获的区域。
➤ 捕获托盘：在托盘中显示了所有最近的捕获对象。用户可以在编辑器选项中对捕获托盘进行设置。

> 提示：文件从资料库被打开的同时也会出现在托盘中，从托盘中可以关闭、保存和删除捕获并分配标签或关键字。

➤ 样式库：当用户选择不同的绘制工具时，样式库中将呈现不同的效果。通过样式库中的样式为捕获图像添加不同的绘制效果，如图3-66所示。

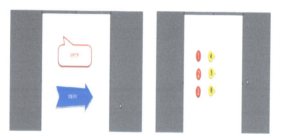

图 3-66

➤ 分享：通过"分享"按钮，将捕获的图像分享到社交媒体或其他应用程序中，如图3-67所示。

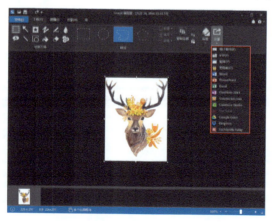

图 3-67

3.8.2　绘制工具概述

工具标签上的绘图工具提供了几种注释和增强图像捕获的方法。例如使用箭头、文本框突出重点内容；使用模糊或遮盖的形状隐藏敏感信息。

打开"Snagit 编辑器"，选择"工具"选项卡，Snagit 的绘制工具如图 3-68 所示。接下来分别对各个绘制工具进行讲解。

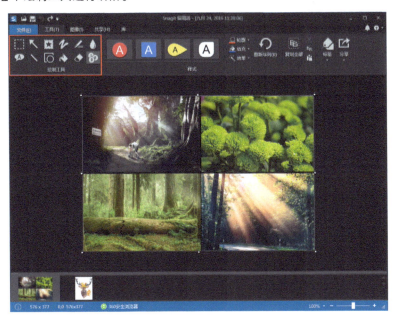

图 3-68

> **提示**：不同的绘制工具的样式内容也不相同，在制作过程中，用户可单击样式库中的更多按钮来查看所有可用的样式。

> ➢ 选择：使用"选择"工具，可在画布创建矩形、椭圆形、手绘形和多边形选区。用户可以分别对选中的区域执行移动、复制和剪切等操作。如图 3-69 所示为选择工具的样式内容。另外，使用快捷键 Ctrl+A 可以快速选择整个图像。

图 3-69

> ➢ 箭头：添加箭头到图像中，指出图像中的重要信息。用户可以通过样式选项卡对箭头的填充颜色、线条宽度、透明度等效果进行设置。如图 3-70 所示为箭头工具的样式内容。

> **提示**：按住Shift键并拖动鼠标绘制一条水平或垂直的直线或是对角线箭头等。

> ➢ 图案：为图像插入一个图案，以起到强调内容或突出重点的作用。例如数字、光标和一些可用类型的符号等。单击图案样式框右侧的"更多"选项，可以获得更多的图案效果。如图 3-70

所示为图案工具的样式内容。

图 3-70   图 3-71

➢ 钢笔：使用钢笔工具可以实现在画布上绘制手绘线的操作。用户可以自定义填充颜色、宽度和形状效果。按住 Shift 键并拖动鼠标可以完成绘制一条水平直线或垂直线条的操作。如图 3-72 所示为钢笔工具的样式内容。

➢ 突出区域：突出显示画布上的矩形区域，可自定义填充颜色和不透明度级别，如图 3-73 所示为突出区域的样式内容。

图 3-72   图 3-73

➢ 模糊：通过模糊工具模糊画布或任何扁平对象的一部分，一般用来隐藏或掩饰敏感的东西，如商标信息。在模糊样式中包括平滑和像素化两项内容，如图 3-74 所示。

图 3-74

➢ 平滑：通过拖动的方式，创建一个模糊的区域，用来将特定区域效果弱化。用户可以通过在其下拉菜单中选择不同的强度，以获得不同的效果，如图 3-75 所示为平滑选项的下拉菜单。选择"自定义"选项，用户可以在"模糊"对话框中自定义平滑效果，如图 3-76 所示。

图 3-75   图 3-76

➢ 像素化：通过正方形像素的方式将局部图像遮盖，与生活中常见的马赛克效果类似。用户可以通过在下拉菜单中设置不同的强度，获得不同的像素化效果，如图 3-77 所示。

50% 强度   75% 强度

图 3-77

➢ 标注：通过标注工具添加现成的形状，如箭头、矩形和发言气泡等可视化交流信息。用户可自定义填充颜色、线条宽度、透明度和其他效果，如图 3-78 所示为标注工具的样式内容。

> 提示：按住Shift键并拖动鼠标绘制可以保证标注的绘制比例。

➢ 线条：在图像上绘制一条线，按住 Shift 键可绘制一条水平或垂直的直线，也可自定义线条的颜色、宽度、透明度和其他效果。如图 3-79 所示为直线工具的样式内容。

图 3-78   图 3-79

➢ 形状：使用形状工具，可以绘制任何矩形、圆角矩形、椭圆形或多边形。用户可以通过设置轮廓、填充和效果，实现更丰富的形状效果。如图 3-80 所示为形状工具的样式内容。

➤ 填充：使用任何颜色填充一个封闭的区域，并通过自定义拾色器选项设置透明度级别。如图 3-81 所示为填充工具的样式内容。

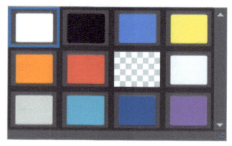

图 3-80 图 3-81

➤ 擦除：擦除任何合并的捕获对象，使其露出底部的画布颜色，也可自定义宽度或透明度级别。如图 3-82 所示为擦除工具的样式内容。
➤ 标注：自动添加一系列的数字或字母标注在捕获步骤或项目中，单击画布即可添加序列中的下一个数字或字母。如图 3-83 所示为标注工具的样式内容。

图 3-82 图 3-83

3.8.3 动手操作04——绘制工具的使用

上面详细介绍了 Snagit 中绘制工具的作用，接下来通过实际的操作展示为图像添加标注的过程。

步骤 01 在"工具"选项卡上单击"标注"按钮，选择相应的标注样式，页面窗口如图 3-84 所示。单击"轮廓"按钮，修改标注轮廓颜色，如图 3-85 所示。单击"填充"按钮，修改标注填充颜色，如图 3-86 所示。

图 3-84 图 3-85 图 3-86

步骤 02 在画布中，选择合适的地方，单击鼠标左键添加第一个标注，如图 3-87 所示。继续在画布中添加标注，系统会自动将第二个标注进行排序，如图 3-88 所示。

图 3-87   图 3-88

步骤 03 使用相同的方法完成其他标注的添加，最终页面效果如图 3-89 所示。

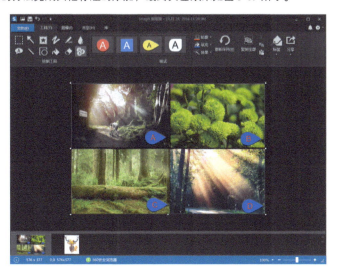

图 3-89

3.9 使用Snagit编辑图像

Snagit 编辑器提供了多种方式预览、编辑和增强图像捕获。"图像"选项卡中的"画布"功能，可以对图像进行裁剪、剪切、修剪、旋转、调整大小，以及设置画布的颜色等操作。

3.9.1 裁剪和剪切图像

很多时候，使用 Snagit 截取图像后，都要对图像进行再次处理。例如，删除不需要的部分，保留需要的部分。这时就可以使用裁剪和剪切工具对图像进行处理。

1. 裁剪

删除不需要的区域，拖动鼠标选择保留区域，然后单击"裁剪"按钮，如图 3-90 所示。最终页面效果如图 3-91 所示。

图 3-90   图 3-91

2. 剪切

采用横向或纵向的方式，删除图像局部。单击"剪切"按钮，选择"剪切边缘效果"选项，如图 3-92 所示。在图像上单击并拖动，选择要删除的区域，完成效果如图 3-93 所示。

图 3-92   图 3-93

3.9.2 修剪和旋转图像

除了对图像进行裁剪和剪切外，还可对画布进行修剪和旋转的操作。修剪和旋转命令适用于整个图像，用户可根据实际的需要对画布进行调整。

1. 修剪

修剪是从图像捕获的顶部、底部或侧面移除额外的区域，在 Snagit 编辑器中可以使用以下两种方法对图像进行修剪。

➢ 在画布的边缘拖动白色手柄到装饰条上，如图 3-94 所示。

➢ 要移除额外的画布空间，在"图像"选项卡上单击"修剪"按钮。修剪区域是基于画布边缘周围的固体颜色或透明度的数量的，如图 3-95 所示。

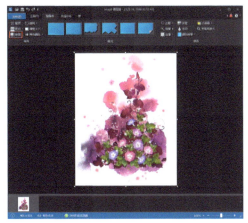

图 3-94   图 3-95

2. 旋转

旋转画布是对画布进行向左、向右旋转或横向、纵向翻转画布。选择"图像"选项卡，单击"旋转"按钮，可以在下拉菜单中选择不同的旋转操作，如图 3-96 所示。

图 3-96

➢ 翻转：在翻转命令中包括"横向翻转"和"纵向翻转"，如图 3-97 所示。

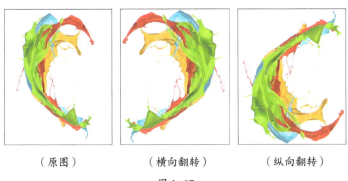

（原图）   （横向翻转）   （纵向翻转）

图 3-97

➢ 向左 90° 旋转：执行 "向左 90° 旋转" 命令可将图像向左旋转 90° ，图像效果如图 3-98 所示。

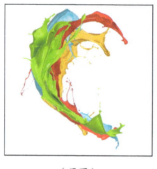 

（原图）　　　　　　　　　　　（向左 90° 旋转）

图 3-98

➢ 180° 倒转：执行 "180° 倒转" 命令，可将图像水平垂直翻转 180° ，图像效果如图 3-99 所示。

➢ 向右 90° 旋转：执行 "向右 90° 旋转" 命令，可将图像向右旋转 90° ，图像效果如图 3-100 所示。

 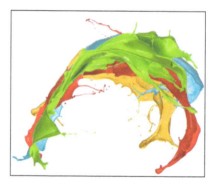

图 3-99　　　　　　　　　　　　图 3-100

➢ 自定义角度：执行 "自定义角度" 命令，弹出 "自定义角度" 对话框，设置相应的旋转角度后，
单击 "确定" 按钮，即可完成旋转图像的操作，如图 3-101 所示。最终图像效果如图 3-102 所示。

 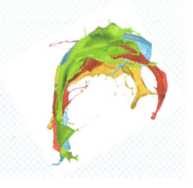

图 3-101　　　　　　　　　　　　图 3-102

3.9.3 调整大小和颜色

在捕获图像时，图像尺寸也是非常重要的，当发现图像过大或者过小时，应当对图像尺寸进行相应处理，以便能够更好地使用图像。

1. 调整大小

通过使用"调整大小"功能可以更改图像或画布的大小。单击"调整大小"按钮，其下拉菜单中共包括三个选项，分别为"调整图像大小""调整画布大小"和"自定义修剪"，如图3-103所示。

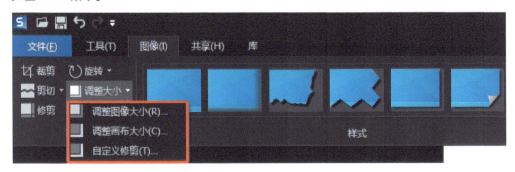

图 3-103

- ➢ 调整图像大小：调整图像大小是指调整当前捕获图像的尺寸大小，通过"调整图像大小"对话框可对图像的像素大小、打印尺寸和图像细节等内容进行设置，如图3-104所示。
- ➢ 调整画布大小：画布指的是整个文档的工作区域，在实际的操作中，常常会根据需要调整画布的尺寸。如图3-105所示为"调整画布大小"对话框。
- ➢ 自定义修剪：通过删除每个边缘的像素调整画布的大小。如图3-106所示为"自定义裁剪"对话框。

图 3-104   图 3-105   图 3-106

2. 画布颜色

单击"画布颜色"按钮，在弹出的"调色板"中选择一种颜色，即可完成画布颜色修改的操作，如图 3-107 所示。

除了可以通过多种方式设置画布颜色外，还可以设置画布颜色的透明度。

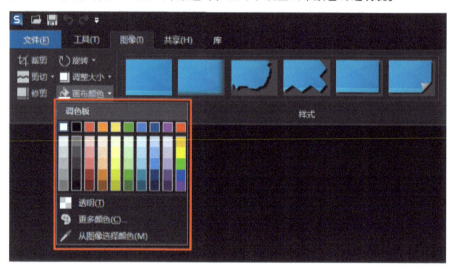

图 3-107

- ➢ 透明：选择"透明"选项，可以将画布背景色设置为透明。
- ➢ 更多颜色：选择"更多颜色"选项，弹出"颜色"对话框，在该对话框中可对画布的颜色进行自定义设置，如图 3-108 所示。
- ➢ 从图像选取颜色：选择"从图像选取颜色"选项，单击鼠标右键可在任意位置吸取颜色，如图 3-109 所示。

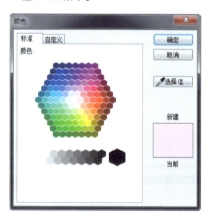

图 3-108

图 3-109

3.9.4 设置图像样式

在对画布调整完成后，就可对图像的样式进行设置了，样式的添加丰富了图像的整体外形轮廓。单击"图像"选项卡，在"样式"选项中将显示所有的图像样式效果，样式面板将显示出所有样式效果，如图 3-110 所示。如图 3-111 所示为添加不同样式的图像效果。

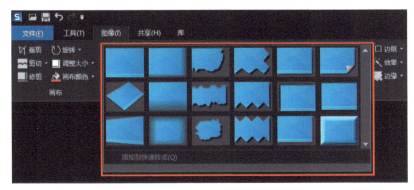

图 3-110

（原图）　　　　　（褪色）　　　　　（撕边）

（锯齿）　　　　　（阴影）　　　　　（卷页）

（视角）　　　　　（斜面）

图 3-111

提示：为图像添加相应的样式后，还可根据需要，对样式的边框、效果和边缘进行自定义设置。

3.9.5　添加水印和颜色效果

在日常的图像处理工作中，为图像添加水印和颜色效果是经常应用到的功能。下面讲解如何使用 Snagit 编辑器为图像添加水印以及颜色效果。

1. 添加水印

在 Snagit 编辑器中，单击"图像"选项卡上的"水印"按钮，弹出"水印"对话框，如图 3-112 所示。

> ➤ "浏览"按钮：单击"浏览"按钮，选择要使用的水印的图像。
> ➤ 底图：将水印图标显示为浮雕效果。
> ➤ 覆盖：保持颜色，并将原始图像放在捕获的顶部。
> ➤ 高级设置：单击"高级设置"按钮，弹出"水印"对话框，如图 3-113 所示。用户可以设置水印的透明色、位置偏移以及缩放等效果。

　　　图 3-112　　　　　　　　　　　图 3-113

2. 颜色效果

Snagit 中的颜色效果选项适用于颜色转换和特殊效果的图像。其中包含多个选项，可以修改整个画布的颜色属性，如图 3-114 所示。

图 3-114

> ➢ 颜色校正：选择"颜色校正"选项，弹出"颜色校正"对话框，在该对话框中可对图像的亮度、对比度、色相、饱和度和伽马值进行设置，如图 3-115 所示。
> - 亮度：减弱或者增强整个图像的亮度。
> - 对比：改变亮与暗的对比。
> - 色相：针对单独的一个颜色进行调整。
> - 饱和度：调整图像中颜色的纯度。饱和度越高，图像色彩浓度越高。
> - 伽玛值：通过改变映射强度的伽玛常数来调整颜色的强度。
> - 颜色反转：可对图像中的每个像素进行颜色取反。打开一张图像，如图 3-116 所示，执行"颜色反转"命令，图像效果如图 3-117 所示。

图 3-115　　　　　　　　图 3-116　　　　　　　　　　图 3-117

> ➢ 颜色替换：用一种颜色替换图像中的另一种颜色。打开一张图像，如图 3-118 所示，执行"颜色替换"命令，设置相应参数，如图 3-119 所示。最终图像效果如图 3-120 所示。

图 3-118　　　　　　　　图 3-119　　　　　　　　　图 3-120

> ➢ 直方图对比度：使用直方图来增加或减少图像对比度。直方图对比度越高，图像整体色调越亮；直方图对比度越低，图像整体色调越暗，如图 3-121 所示。通常比较适用于调整整个画布。

提示：在调整直方图对比度时，如果需要将效果应用到画布的一部分，首先需要在画布上拖动一个区域，然后再执行该命令；如果要将效果应用到整个画布上，则不需要进行选择。

（原图）　　　　　　（对比度为 100%）　　　　　　（对比度为 −100%）

图 3-121

➢ 半色：半色适用于调整图像的黑白效果，如图 3-122 所示。

（原图）　　　　　　（半色为 45°）　　　　　　（半色为 360°）

图 3-122

➢ 强度检查：用于在指定的强度范围内找到图像色调的低和高的阈值，适用于整个画布。打开一张图像，如图 3-123 所示。执行"强度检测"命令，设置相应参数，如图 3-124 所示。最终图像效果如图 3-125 所示。

图 3-123　　　　　　　图 3-124　　　　　　　图 3-125

➢ 拉伸强度：用于通过中心向外的方向，最大化范围内的强度值，以增强图像的对比度。

➢ 直方图均衡度：用来更改图像中的每一灰度级的像素数。可以用来显示黑暗区域的细节。打开一张图像，如图 3-126 所示。执行"直方图均衡度"命令，图像效果如图 3-127 所示。

图 3-126

图 3-127

➢ 单色：通过设置强度阈值，或者单色图像。打开一张图像，如图 3-128 所示。执行"单色"命令，
设置相应参数，如图 3-129 所示。最终图像效果如图 3-130 所示。

图 3-128   图 3-129   图 3-130

3.9.6　动手操作05——为截取的图像添加水印

　　对图像进行截取后，为图像添加水印，然后再将该图像应用到视频中。这样就不怕好不
容易制作的微课或慕课视频上传后被别人盗用了。为图像添加水印图像是必要的，这样既不

影响视频的美观，又可以很好地保护个人的版权。

步骤 01 打开想要捕获的内容，将光标移到捕获窗口上。如图 3-131 所示。捕获窗口扩展，单击"捕获"按钮，如图 3-132 所示。

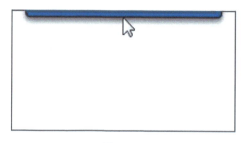

图 3-131 图 3-132

步骤 02 橙色的十字线出现，创建录制的视频范围，如图 3-133 所示。单击"图像捕获"按钮，如图 3-134 所示。

图 3-133 图 3-134

步骤 03 进入 Snagit 编辑器，在"图像"选项卡下单击"水印"按钮，如图 3-135 所示，弹出"水印"对话框，如图 3-136 所示。

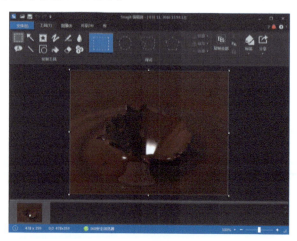

图 3-135 图 3-136

步骤 04 选择需要添加水印的图像，如图 3-137 所示。单击"高级设置"按钮，设置相应参数，如图 3-138 所示。

| 图 3-137 | 图 3-138 |

步骤 05 单击"确定"按钮，将水印添加到截取的图像文件中。执行"文件 > 保存"命令，图像效果如图 3-139 所示。

图 3-139

3.9.7　使用过滤器

Snagit 中的过滤器十分强大，为用户提供了丰富的过滤器种类。使用过滤器选项可以为捕获图像添加丰富的效果。一个或多个效果结合起来，可以得到更加丰富的图像效果。

打开 Snagit 编辑器，在"图像"选项卡下单击"过滤器"按钮，在弹出的下拉菜单中选择要添加的效果选项，如图 3-140 所示。

图 3-140

➢ 删除噪点：删除图像像素，从而减少细节，并创建一个平滑的纹理。噪点值越大，图像就越模糊，如图 3-141 所示。

（原图）　　　　　　（噪点值为 5）　　　　　　（噪点值为 11）

图 3-141

➢ 锐化：通过增强相邻像素间的对比度来聚焦模糊的图像，使图像变得清晰。锐化值越大，图像就越清晰，如图 3-142 所示。

（原图）　　　　　　（锐化值为 25%）　　　　　　（锐化值为 100%）

图 3-142

➢ 色调分离：色调分离减少每个颜色通道的比特数。也就是说减少了图像中的颜色和亮度的数量。该值越小，色调分离效果越明显，如图 3-143 所示。

（原图）　　　　　　（色调分离值为 2）　　　　　　（色调分离值为 16）

图 3-143

➢ 曝光：这种效果模仿摄影胶片的偶然曝光。用户通过控制图像的曝光阈值，获得丰富的曝光效果，如图 3-144 所示。

（原图）

（曝光值为 0）

（曝光值为 128）

图 3-144

➤ 油画：将油画效果应用于一个区域或整个画布。该值越大，油画效果越明显，如图 3-145 所示。

（原图）

（油画值为 5）

（油画值为 11）

图 3-145

➤ 边缘增强：增加图像中边缘的对比度。该值越大，边缘对比效果就越明显，如图 3-146 所示。

（原图）

（边缘增强值）

图 3-146

➤ 添加噪点：减少图像细节和添加纹理。打开一张图像，如图 3-147 所示。执行"添加噪点"命令，设置相应参数，如图 3-148 所示。最终图像效果如图 3-149 所示。

图 3-147　　　　　　　　　　图 3-148　　　　　　　　　　图 3-149

➤ 浮雕：打开一张图像，如图 3-150 所示。执行"浮雕"命令，设置相应参数，如图 3-151 所示。最终图像效果如图 3-152 所示。

图 3-150　　　　　　　　　　图 3-151　　　　　　　　　　图 3-152

提示：运用浮雕效果，突出图像的轮廓降低周围色值来生成凸起或凹陷的浮雕效果。可通过"浮雕"对话框对浮雕的深度和方向进行设置。

➤ 边缘检测：打开一张图像，如图 3-153 所示。执行"边缘检测"命令，设置相应参数，如图 3-154 所示。最终图像效果如图 3-155 所示。

图 3-153　　　　　　　　　　图 3-154　　　　　　　　　　图 3-155

提示：为图像使用边缘检测功能，可为画布的边缘增加对比度，通过"边缘检测"对话框对边缘过滤的类型和方向进行设置。

3.10　本章小结

　　本章主要为用户讲解了使用 HyperSnap 和 Snagit 截取图像、编辑图像、修饰图像的方法和技巧。通过本章的学习，读者应该了解截图工具的基本使用和编辑方法，并能够完成截取图像的再编辑工作。熟练掌握截图工具的使用，为微课和幕课的制作打下坚实基础。

3.11　课后练习

　　上面详细介绍了如何使用 Snagit 捕获图像，也可通过设置配置文件实现抓取局部图像的操作。接下来通过详细的步骤展示如何使用 Snagit 抓取局部图像。

步骤 01 打开一张素材图像，如图 3-156 所示。打开 Snagit 编辑器，在"捕获"窗口中，单击"查看配置文件"按钮，如图 3-157 所示。选择"管理配置文件"选项，如图 3-158 所示。

<table>
<tr><td>图 3-156</td><td>图 3-157</td><td>图 3-158</td></tr>
</table>

步骤 02 弹出"管理配置文件"对话框。在对话框中进行相应的设置，保存窗口，如图 3-159 所示。保存属性后，单击捕获窗口中"开始新的捕获"按钮，如图 3-160 所示。

步骤 03 单击鼠标左键并拖动选择一个截取区域，释放鼠标后单击"捕获图像"按钮，如图 3-161 所示。完成图像的捕获，进入 Snagit 编辑器窗口中，如图 3-162 所示。

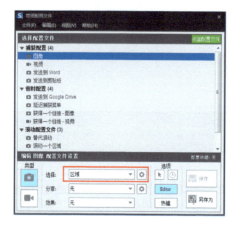

图 3-159

图 3-160

图 3-161

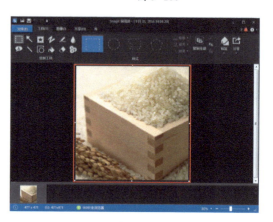

图 3-162

04

Chapter

使用Camtasia Studio
录制音频

在制作微课和慕课的过程中，需要使用多种素材合成一个视频文件，首先需要对音频的编辑和处理有充分了解。本章将为用户讲解如何使用Camtasia Studio录制音频。

4.1 Camtasia Studio 的安装与卸载

由于制作微课和慕课很大一部分工作是处理视频，包括录制视频和后期编辑视频等。在正式介绍 Camtasia Studio 软件之前，首先对 Camtasia Studio 的安装及卸载进行简单的介绍。

4.1.1 动手操作01——安装Camtasia Studio

在开始使用 Camtasia Studio 前，需要先完成软件的安装。

步骤 01 首先解压安装压缩包，得到一个"Camtasia Studio"文件夹，双击"Camtasia.exe"文件，如图4-1所示。选择"U.S.English"选项，单击"OK"按钮，如图4-2所示。

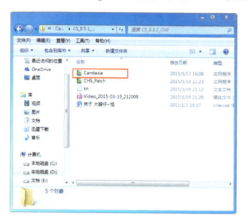

图 4-1

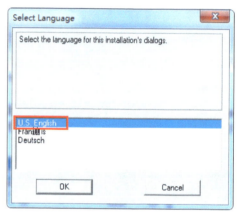

图 4-2

提示：此款软件安装后可以免费试用30天，如果需要长期使用，可以进入Camtasia Studio官方网站购买授权信息。

步骤 02 等待 Installing 程序安装结束，如图4-3所示。程序会自动弹出"Camtasia Studio 8.5.1.1962 Setup"对话框，单击"Next"按钮，如图4-4所示。

图 4-3

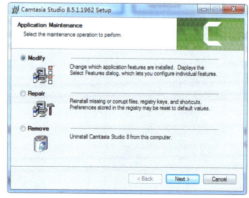

图 4-4

步骤03 根据提示继续单击"Next"按钮，程序会自动安装。单击"Finish"按钮，完成 Camtasia 程序的安装，如图 4-5 所示。

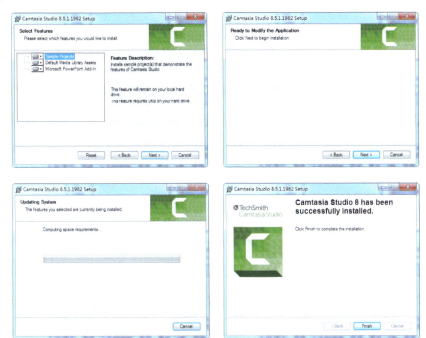

图 4-5

4.1.2　Camtasia Studio汉化方法

　　由于 Camtasia Studio 软件安装完成后是英文版，可以根据需要对它进行汉化操作，从而更加方便使用。

　　在文件夹"C:\ProgramData\TechSmith\CamtasiaStudio8"中，找到"RegInfo.ini"文件，如图 4-6 所示。单击鼠标右键，选择"属性"选项，将"RegInfo.ini"文件改为只读文件，如图 4-7 所示。

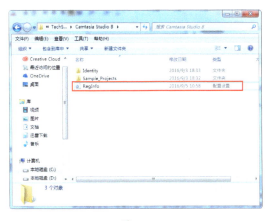

图 4-6

图 4-7

打开"Camtasia Studio"文件夹，找到"patch.exe"文件，双击打开，运行 Camtasia Studio 汉化软件，单击"开始"按钮，如图4-8所示。稍等片刻，程序会提示"汉化成功"，单击"完成"按钮，完成 Camtasia Studio 软件的汉化步骤，如图4-9所示。

图 4-8

图 4-9

4.1.3　Camtasia Studio的注意事项

在 Camtasia Studio 安装完成后，为了软件能够正常使用，通过取消更新和设置 CamRecorder 属性来确保 Camtasia Studio 软件能够正常运行。

1. 取消更新

为了以后能正常使用 Camtasia Studio 软件，完成汉化软件的安装之后，必须取消软件的自动更新功能，具体操作步骤如下所示。

双击"Camtasia Studio"图标，打开软件，执行"工具>选项"命令，如图4-10所示。在"选项"对话框中选择"升级选项"选项卡，取消勾选"启用自动升级检查"和"升级前检查提示"复选框，单击"确定"按钮，如图4-11所示。

图 4-10

图 4-11

2.设置属性

单击"Camtasia Studio"软件中的"录制屏幕"按钮，发现不能录制时，可进行如下操作。

用鼠标右键单击"Camtasia Studio"图标，选择"属性"选项，单击"打开文件位置"按钮，如图 4-12 所示。打开"Camtasia Studio"软件安装文件夹，找到"CamRecorder"文件，如图 4-13 所示。

图 4-12

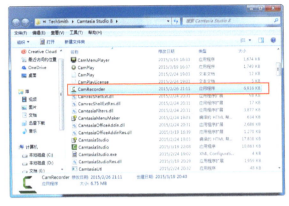

图 4-13

单击鼠标右键设置属性，弹出"CamRecorder 属性"对话框，如图 4-14 所示。勾选"兼容性"选项卡下的"以管理员身份运行此程序"复选框，单击"确定"按钮，回到 Camtasia Studio 软件，单击"录制屏幕"按钮，即可进行屏幕录制，如图 4-15 所示。

图 4-14

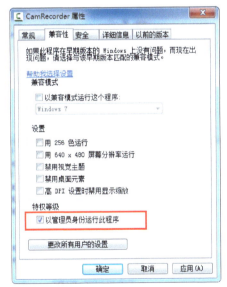

图 4-15

4.1.4 Camtasia Studio的卸载

当用户不需要继续使用 Camtasia Studio 时，可以将该软件卸载。卸载的方式与安装不同，单击"开始"按钮，选择"控制面板"选项，打开如图 4-16 所示的对话框。选择"卸载程序"

选项，找到 Camtasia Studio，如图 4-17 所示。

图 4-16

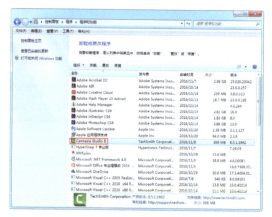
图 4-17

单击鼠标右键，选择"卸载"选项，如图 4-18 所示，弹出如图 4-19 所示的对话框，单击"是"按钮，软件将自动卸载。如果用户需要再次使用 Camtasia Studio 软件，则需要重新安装和汉化。

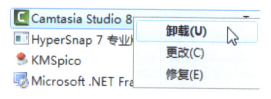
图 4-18

图 4-19

4.2 使用Camtasia Studio录制音频

无论是录制电脑屏幕、录制 PPT，还是录制摄像头，都可以在录制视频的同时录制声音。为了使用户在录制时更加专注，减少不必要的错误，可以将音频录制分开操作，等视频录制完成后，再录制声音。

4.2.1 录制声音的技巧

在录制视频的过程中，采用最好品质的声音是非常重要的，接下来针对录制音频的一些技巧进行讲解。

➢ 使用较好的麦克风：USB 接口的麦克风对计算机系统资源占用最少，比直接连接到计算机声卡上的麦克风录制的声音效果好，如图 4-20 所示。

➢ 使用录制器的默认值：打开"工具选项"对话框，选择"输入"选项卡，单击"恢复默认值"按钮，如图 4-21 所示。

图 4-20 　　　　　　　　　　　图 4-21

➤ 使用麦克风反复演练：放置麦克风到不同的位置及设置不同的音量来反复演练。一般麦克风距离嘴部约 6 英寸时，可录制较好的音调，太近会产生噪声。

➤ 保持安静的录制环境：任何麦克风都会产生一些噪声，绝大多数办公场所都会有一些不引人注意的背景噪声。选择一个相对安静的录制环境就尤为重要了。

提示：录制声音时，尽量不要在公共场合，使用远离交通噪声的办公室或会议室。

➤ 进行录制测试：做一个简短的测验，以确保声音能正确录制。

➤ 使用脚本：使用脚本有助于录制高品质的声音，避免录制过程中的口误或者出现不必要的停顿。即便没有正规的演讲稿，拥有一个内容概要也会帮助用户减少失误。

➤ 设计发音：想象自己正置身于一所大教室中，对着一些听众在演讲，要注意说话时的语气与发音。

➤ 录制时要监视声音指示值的变化：绿色到黄色区域代表正常；橘黄色到红色区域警告用户录制的声音较高；当声音指示值位于绿色到浅橘黄色区域时，录制声音品质较好。

➤ 录制后使用声音编辑器进行优化：对声音的优化就是去除噪声，例如"嗯、啊"之类的声音，这样有助于用户提高声音的品质。

➤ 在编辑器中调整音量：若录制的声音太高或太低，可在编辑器中进行调整。可在特定的波纹区域增加调整的节点。

➤ 增加背景音乐会对录制内容起到点缀的效果：在使用麦克风录制旁白时，计算机播放的音乐会被同时录制，并出现在编辑器中独立的音频轨道上。可以编辑背景音乐渐入，从而匹配旁白声音。

➤ 单独录制声音和视频：当用户熟练使用 Camtasia Studio 后，可以先录制不包含声音的视频内容，当视频内容编辑完成后，再使用旁白功能来增加声音。对于那些使用常规步骤创建屏幕录制的使用者来说，这是较为理想的过程。

4.2.2　录制声音的常见问题

在用麦克风讲话或使用系统声音时，用户应该注意观察声音的指示记录。在录制过程中遇到问题时，可以参照下表中的解决方法。

声音指示值	指示值的意义	解决方法
	声音等级位于绿色区域并随着声音变化而变化	无须调整
	声音指示值并不随着声音变化而变化	确保选定的声音源正确连接。确保选择了正确的声音源，可以单击声音的下拉菜单来再次选择确认。确保音量正常（非静音）
	声音指示值太低，声音指示值不在绿色到黄色之间	向右通拖动滑块
	声音指示值位于黄色和橘黄色之间的将被裁剪	向左拖动滑块
	声音指示值位于橘黄色和红色之间的将被裁剪	向左拖动滑块

4.2.3 动手操作02——打开音频录制

开始录制音频前，首先需要安装了录制外设工具，例如麦克风。没有安装麦克风则不能完成录制音频的操作。

步骤 01 打开 CamRecorder 录制器，默认音频选项为关，如图 4-22 所示。单击音频下拉菜单，选择"录制系统音频"选项，如图 4-23 所示。打开音频录制系统，窗口中会显示音频表，如图 4-24 所示。

图 4-22

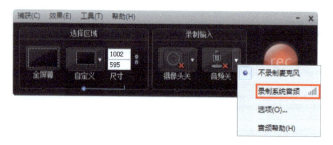

图 4-23

图 4-24

步骤 02 拖动滑块调整音频音量大小，当音频表显示绿色到黄色范围时，则表示音量处于正常范围，可以开始录制音频，如图 4-25 所示。

图 4-25

> 提示：也可以Camtasia Studio编辑器的音频和语音旁白选项中，设置音量级别和音频记录属性。

4.2.4 音频的剪辑和编辑

完成音频录制后，时间轴上将显示音频内容，选中音频，音频显示为绿色。表示当前为音频编辑模式，如图 4-26 所示。进入音频编辑模式后，可对音频进行剪辑、分割、复制和粘贴等操作。

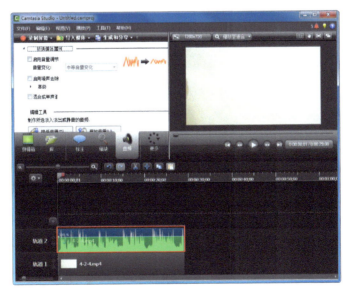

图 4-26

> ➢ 剪辑音频：按住鼠标左键拖动播放头，选择需要剪辑的音频内容，单击工具栏上的"剪切"按钮，完成剪辑，如图 4-27 所示。可以看到时间轴上的音频长度缩短了，如图 4-28 所示。

图 4-27   图 4-28

➢ 分割音频：将播放头移动到想要分割音频的地方，单击鼠标右键，在弹出的快捷菜单中选择"分割"选项，如图 4-29 所示。可以看到时间轴上的音频被分为两段，此时可使用鼠标拖动调整音频文件的位置，如图 4-30 所示。

图 4-29   图 4-30

➢ 复制音频：将需要复制的音频选中，单击鼠标右键，在弹出的快捷菜单中选择"复制"选项，如图 4-31 所示。

图 4-31

➤ 粘贴音频：将播放头拖动到需要粘贴的位置，单击鼠标右键，在弹出的快捷菜单中选择"粘贴"选项，如图 4-32 所示。将刚刚复制的音频粘贴到该位置上，如图 4-33 所示。

图 4-32

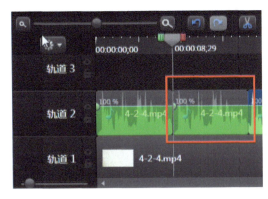

图 4-33

4.2.5 动手操作03——分割音频

分割工具可以将一个音频文件分为两个或多个，用户可以单独移动和编辑每一个片段。例如当音频已经陈述完毕某项操作时，但视频仍在播放，即可通过分割音频文件以适配视频文件的播放。

> 提示：音频与视频文件相同，在时间轴上的编辑不影响剪辑库中的音频文件，剪辑库中将保持最原始的文件内容。

步骤 01 执行"文件 > 打开项目"命令，选择如图 4-34 所示的文件，打开相应的项目文件，如图 4-35 所示。

图 4-34

图 4-35

步骤 02 单击"锁定"按钮，将视频轨道锁定，以免在分割音频时影响视频轨道上的媒体对象，如图 4-36 所示。选中需要分割的音频，选中部分为蓝色，将播放头拖到需要分割的位置，单击"分割"选项，完成音频的分割操作，如图 4-37 所示。

> 提示：用户也可按S键分割视频文件。

图 4-36

图 4-37

步骤 03 此时该音频文件会被分割成两个单独的片段，选中后边的音频文件，按下鼠标左键向后拖动到如图 4-38 所示的位置。

图 4-38

提示：由于分割的媒体文件拥有相同的名称，因此使用时要小心对它们进行编辑，以免混淆。

步骤 04 执行"文件 > 导入媒体"命令，选择如图 4-39 所示的媒体文件，将其导入剪辑箱中，将导入的音频文件从剪辑箱中拖入刚刚分割的音频文件的中间位置，完成音频文件的分割与拼接，如图 4-40 所示。

图 4-39

图 4-40

4.2.6 为音频添加特效

在编辑和剪辑音频的过程中，常常会给录制的音频添加音频特效，以达到最好的输出效果。接下来讲解一下如何设置音频属性并为其添加特效。

单击"音频"选项卡，如图4-41所示，在该窗口中可对音频的属性和音频特效进行设置。

图 4-41

1. 所选媒体属性

在"所选媒体属性"中包含很多属性，例如音量调节和噪声去除等，如图4-42所示。用户可通过设置不同的参数，达到满意的效果。

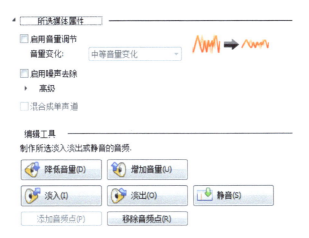

图 4-42

➢ 启用音量调节：勾选"启用音量调节"复选框，可以将音频剪辑的音量调整到标准级，如图4-43所示。"音量变化"下拉列表中包含4个选项，分别为高音量变化、中等音量变化、低等音量变化和自定义设置，用户可根据自己所录制的音频来设置效果，如图4-44所示。

（未勾选）

（勾选）

图 4-43

图 4-44

➢ 启用噪声去除：勾选"启用噪声去除"复选框，可以减少时间轴上的音频背景噪声。一旦启用了噪声消除，在音频选项卡中，音频波形的颜色为从绿色到橙色，如图 4-45 所示。

图 4-45

➢ 高级：高级属性设置选项中包含调整灵敏度、自动噪声修整、选择手动噪声修整、移除剪辑、移除单击和单击灵敏度等多种选项，如图 4-46 所示。

图 4-46

- 调整灵敏度：如果降噪过程中发生音频质量降低的现象，此时可以使用调整灵敏度滑块对音频质量进行调整。
- 自动噪声修正：单击"自动噪声修正"按钮，可自动从音频剪辑中删除噪声。
- 选择手动噪声调整：单击"选择手动噪声调整"按钮，可将用户所选择区域的噪声去除。
- 移除剪辑：当音频音量达到太高的水平时，勾选此复选框可切断所录制的音频。
- 移除单击：勾选此复选框，使用"单击灵敏度"滑块设置该值。

2. 编辑工具及添加效果

"编辑工具"主要是为音频添加多种效果，制作淡入淡出或静音的音频效果。也可以在音频波形中添加或者删除音频点，这些选项不会删除任何现有波形，如图 4-47 所示。

图 4-47

➤ 降低音量、增加音量：在"音频"选项卡上单击"降低音量"或"增加音量"按钮，可降低或增加音量值，如图 4-48 所示为降低音量的音频时间轴。

图 4-48

提示：音量的降低和增加都是以原来音频的25%进行调整的。

➤ 淡入、淡出：音频的淡入和淡出可以应用到一个选择的音频或是多个选定的音频中。如图 4-49 所示为淡入的音频时间轴。

图 4-49

➤ 静音：将时间轴上的音频设置为静音。
➤ 添加音频点、移除音频点：通过添加和移除音频点按钮自定义一个音频波形，以达到预期的效果，如图 4-50 所示为自定义的音频波形。

图 4-50

提示：拖动音频点来调节音量。

➤ 添加一个音频点：选择时间轴上的音频剪辑，移动播放头到需要添加音频点的地方，单击"添加音频点"按钮，即可添加一个音频点。

➤ 删除一个音频点：在时间轴上选择需要删除的音频点，单击"移除音频点"按钮，即可删除音频点。

➤ 删除所有音频点：选择时间轴上的音频剪辑，选中一个音频点，单击鼠标右键，在弹出的快捷菜单中选择"在媒体上删除所有音频点"选项，即可将所有的音频点删除。

4.2.7　设置音频格式

当音频属性设置完成后，可将时间轴上的音频组合成一个音频文件导出备用。执行"文件 > 生成特殊 > 导出音频为"命令，弹出"音频另存为"对话框，如图 4-51 所示。在 Camtasia Studio 中可将音频文件存储为 WAV 和 MP3 两种格式。

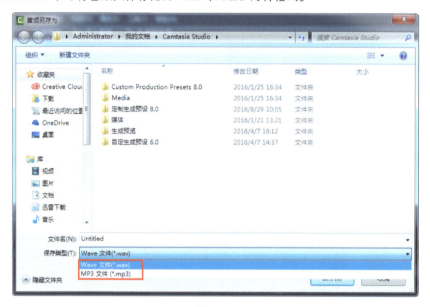

图 4-51

➤ WAV：WAV 为微软公司开发的一种声音文件格式，它用于保存 Windows 平台的音频信息资源，支持多种音频数字、取样频率和声道。虽然 WAV 格式容量过大，但音质效果很出色。

➤ MP3：MP3 是一种较小的声音文件格式，相同长度的音乐文件，用 MP3 来存储，一般只有 WAV 文件的 1/10。

4.3　本章小结

制作微课和慕课时，除了要保证视频的质量和清晰度以外，还要确保音频与视频内容符合，音质清晰。本章主要向用户讲解了 Camtasia Studio 处理音频的功能，通过本章的学习，希望用户能够熟练掌握对音频的处理。

4.4　课后练习

在对使用 Camtasia Studio 处理音频进行讲解后，接下来通过实际的课后练习提升用户对 Camtasia Studio 处理音频的熟练度。

步骤 01 打开 Camtasia Studio，执行"文件 > 导入媒体"命令，如图 4-52 所示。弹出"打开"对话框，选择相应视频，如图 4-53 所示。

图 4-52　　　　　　　　　　　　　　　　　　图 4-53

步骤 02 将导入的视频拖曳到时间轴中，如图 4-54 所示。单击"更多"按钮，选择"语音旁边"选项，如图 4-55 所示。

图 4-54　　　　　　　　　　　　　　　　　　图 4-55

步骤 03 通过测试声音效果，调整麦克风声音大小，如图 4-56 所示。为了尽量减少录制过程中产生的杂音，需要勾选"在录制过程中静音扬声器"复选框，如图 4-57 所示。

图 4-56   图 4-57

步骤 04 单击"开始录制"按钮，开始为视频配音，如图 4-58 所示。录制结束时，单击"停止录制"按钮，可以完成音频的录制，如图 4-59 所示。

图 4-58   图 4-59

步骤 05 单击"锁定"按钮，将视频轨道锁定，以免在分割音频时影响到视频轨道上的媒体，如图 4-60 所示。然后选中需要调整的音频，选中部分为蓝色，将播放头拖到需要分割的位置，单击"分割"按钮，如图 4-61 所示。

图 4-60   图 4-61

步骤 06 单击"音频"按钮，设置如图 4-62 所示的参数。设置完成后可以看到时间轴上的音频效果，如图 4-63 所示。

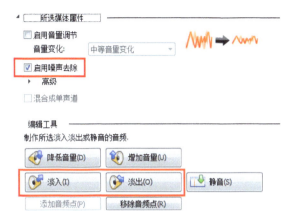

图 4-62

图 4-63

05
Chapter

使用Camtasia Studio 录制视频

在制作微课和慕课之前，拥有一款操作简便、功能齐全的录屏剪辑软件也是非常重要的，好的录屏工具能够使用户在制作微课和慕课的过程中达到事半功倍的效果。本章主要对Camtasia Studio软件的录制屏幕的操作进行详细的介绍。

5.1 使用Cantasia Studio录制屏幕

Camtasia Studio 中内置的录制工具 CamRecorder 可以灵活地录制屏幕，包括录制全屏区域或自定义屏幕区域，同时支持声音和摄像头同步。录制后的视频可直接输出为常规视频文件或导入 Camtasia Studio 中剪辑输出。

5.1.1 Camtasia Studio简介

Camtasia Studio 具有强大的视频播放和编辑功能，可以说有强大的后期处理能力，在录制屏幕后，可基于时间轴对视频片段进行各类剪辑操作。

除了可以完成屏幕录制以外，使用 Camtasia Studio 还可以对视频进行添加标注、添加转场和添加字幕等操作。当然也可以导入现有视频进行编辑操作，包括 AVI、MP4、MPG、MPEG、WMV、MOV 和 SWF 等文件格式。

打开 Camtasia Studio 软件时，会弹出如图 5-1 所示的欢迎窗口。若取消勾选底部的"在启动时显示此对话框"复选框，当软件再次启动时，则不再显示欢迎窗口。

图 5-1

> **提示：** 当关闭窗口后，执行"帮助>显示欢迎窗口"命令可重新打开该窗口。

➢ 录制屏幕：单击该选项将会打开 Camtasia 录制器，准备录制屏幕，如图 5-2 所示。

图 5-2

➢ 导入媒体：单击该选项可以选择视频、音频或图像文件将其导入剪辑箱中，如图 5-3 所示。

图 5-3

➢ 最近使用的项目：此处主要显示用户最近使用的三个项目。
➢ 社区：单击"社区"区域右上角的左右箭头，可以在博客、教育博客等多个频道切换，可直接转到 Camtasia Studio 官网，如图 5-4 所示。

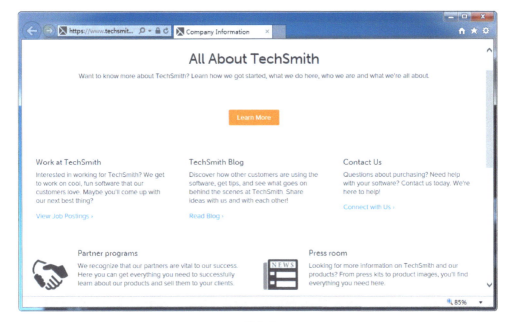

图 5-4

➢ 免费培训：可以选择访问 Camtasia studio 相关的视频教程、帮助文件、技术支持和 PDF 文档。

5.1.2　使用Camtasia Studio录屏

　　Camtasia Studio 是一款集屏幕录制、视频编辑为一体的视频编辑软件，广泛应用于微课和慕课的制作中。对于信息技术类的课程而言，由于很多是关于软件操作的，基于 Camtasia Studio 的微课和慕课开发是不错的选择。如图 5-5 所示为 Camtasia Studio 的启动界面。

版本 8.5

© 2015 TechSmith Corporation • www.techsmith.com • 2405 Woodlake Drive • Okemos, MI 48864-5910 USA

图 5-5

在制作微课和慕课视频时，录制视频质量的好坏，直接关系到微课和慕课视频的效果。在使用 Camtasia Studio 录制微课和慕课时，大家都会遇到一段简短的视频需要反复录制多次都无法满意的情况，如何提高录屏的效率是每一个微课和慕课制作者都会面对的问题。下面对录屏过程中需要注意的一些技巧进行介绍。

1. 录课前做好准备

这里所说的做好准备是指对录制环境和录制内容的准备。微课和慕课的录制，应该尽量做到一气呵成，这样既可以保证录制视频的效果，还可以减少后期处理的工作量，提高录制效率。因此，在录屏时，特别是需要录制讲解语音时，选择一个相对安静且不受打扰的环境是必需的。

> 提示：在进行微课录制时，录制的内容方面需要做好充分的准备。录课前，应当对微课视频的教学目标、需要突出的重点和突破难点的方法做到心中有数。在课前，应该准备必要的文案，这一点是很重要的。很多时候，录课者以为自己对录制的内容已经很熟悉了，结果在正式录制时却发现由于既要操作又要解说，不可避免地出现忘词的情况，不得不重新开始录制。

2. 录课前应该进行预录

微课和慕课的特点是短小精悍，需要录制的视频内容并不会很长，因此录制者完全有时间在正式录制前进行预录。

> 提示：预录应该对录制的内容进行规划，了解时间安排是否合理，对讲解的内容进行熟悉，检验需要展示的操作结果是否正确，及时发现预案中不合理的地方进行修正。在预录时，录课者要特别注意讲解与屏幕显示内容的配合，对于什么时候该说什么做到心中有数，让讲解自然而流畅，避免在正式录制时出现各种错误。

3. 是一次录完还是分段录制

Camtasia Studio 不仅仅是一款录屏软件，其还具有对录制的视频进行编辑处理的能力。在录制微课和慕课时，可以将整个课程根据内容划分为若干段，对每一段的内容分别进行录制，在 Camtasia Studio 编辑器中对录制的内容进行编辑合并，获得需要的效果。

这种录制方式最大的优势就是"化厚为薄"。对于很多普通录课者，要想一气呵成地完成大段视频的录制而不出错是很难做到的，通过分段录制的方式就能够将录制的难度降到最低。对于时间较长、需要展示较为复杂的操作过程或讲解内容较多的微课或慕课，使用分段录制的方式是提高录制效率的一个好办法。

为了保证两段视频的无缝衔接，鼠标光标必须准确放置到原来的位置。诸如此类的细节问题还有很多，稍有不慎，视频间存在着细节上的差异，就会显得不自然，影响微课或慕课的效果。

提示：在录制微课视频时，也可以使用一次录制的方式。为了保证顺利地一次录制课程，录制前应该做好充分的准备，对课程流程、操作和讲解十分熟悉。录制时，按照预案进行录制，录制过程中如果出现了错误，可以暂时置之不理，将出错的内容重新录制即可。录制完成后，在Camtasia Studio编辑器中对录制的视频进行编辑，替换出错的内容就可以了。

4.录制时多用快捷键

在进行录屏操作时，经常需要对录屏进行控制，如开始、停止或暂停录制等。对于此类操作，使用录制工具栏中的按钮并不是一个好办法，因为将鼠标移到工具栏中单击相关按钮时，鼠标的动作有可能被录制下来。同时，一边操作，一边朗读，还要移动鼠标来进行控制，很多时候会让你有一种手忙脚乱的感觉，增大录屏出错的机会。

因此在录制微课和慕课时，录屏的控制操作可以使用 Camtasia Studio 的快捷键来实现。如按 F9 键将启动屏幕录制，在屏幕录制中按下该键将暂停屏幕录制，再次按下该键可以重新启动录制；按 F10 键将停止当前视频的录制，也可单击"继续"按钮，实现屏幕的录制，如图 5-6 所示。

图 5-6

5.1.3　动手操作01——设置"录制屏幕"的快捷键

在录制屏幕时，快捷键的使用能够使用户的录制过程更加便捷，同时也能提高工作效率和工作质量。那么如何设置"录制屏幕"的快捷键呢，接下来向用户详细进行讲解。

步骤01 打开 Camtasia Studio 软件，单击"录制屏幕"按钮，启动 Camtasia 录制器，如图 5-7 所示。

图 5-7

步骤02 执行"工具 > 选项"命令，弹出"工具选项"对话框，切换到"热键"选项卡，设置相应参数，如图 5-8 所示。选择"停止"选项，设置相应参数，如图 5-9 所示。

图 5-8　　　　　　图 5-9

5.1.4　设置录制尺寸

单击"录制视频"按钮，弹出"CamRecorder 录制器"对话框，在该对话框中可以设置录制尺寸等内容。录制尺寸可以根据需要进行调整，可以选择录制整个屏幕，也可以选择自定义录制具体的尺寸，如图 5-10 所示。

图 5-10

提示：可以单击窗口中的rec按钮开始录制视频，也可按F9键直接录制视频。

1. 全屏模式

单击"全屏模式"按钮就是录制整个屏幕。启用这个模式会看到整个屏幕边缘有绿色的虚线，这就是录制视频的范围，如图 5-11 所示。

图 5-11

2. 自定义模式

自定义模式是自由选择区域，在录制过程中可通过三种方法设置自定义模式尺寸，分别是输入自定义尺寸、选择预设大小和用鼠标拖动选择，接下来分别向用户进行介绍。

提示：在自定义大小录制时，为了达到最好的效果，在编辑和输出视频时也要使用相同大小比例的面积。

➤ 输入自定义尺寸（以像素为单位）可以设置宽度和高度。为了保持宽高比，单击锁定图标，如图 5-12 所示。

图 5-12

➢ 从下拉选项中选择一个预设的大小，如图 5-13 所示。

➢ 选择"选择区域录制"选项，用鼠标单击并自动拖动选择一个区域，如图 5-14 所示。

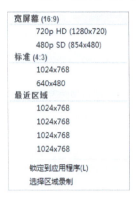

图 5-13   图 5-14

在自定义下拉菜单中包括宽屏幕、标准、最近区域和锁定到应用程序选项，接下来对该选项的含义进行简单的介绍。

➢ 宽屏幕（16：9）：720p HD（1 280×720）、480p SD（854×480）。

➢ 标准（4：3）：1 024×768、640×480。

➢ 最近区域：最近区域是指用户最近录制视频时使用的尺寸区域。

➢ 锁定到应用程序：这个选项的功能较为好用，勾选之后视频的录制范围就会自动锁定到当前打开的应用程序窗口。

5.1.5 动手操作02——锁定到应用程序

以上向用户介绍了几种设置录制尺寸的方式，接下来通过实际的动手操作向用户介绍使用"锁定到应用程序"的具体操作方法。

步骤 01 打开应用程序，例如 Photoshop，将程序窗口放在桌面上，如图 5-15 所示。打开 Camtasia Studio，单击"录制屏幕"按钮，如图 5-16 所示。

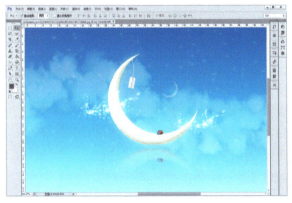

图 5-15   图 5-16

步骤 02 打开 Camtasia Studio 录制器，单击"自定义"按钮，设置尺寸的数值，如图 5-17 所示。

图 5-17

步骤 03 在自定义下拉列表中选择"锁到应用程序"选项，如图 5-18 所示。此时录制窗口就会自动锁定到 Photoshop 界面，锁定后的尺寸会变为 1024×768，如图 5-19 所示。

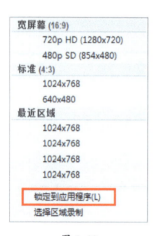

图 5-18

图 5-19

5.1.6 暂停录制

在视频录制前，将视频录制尺寸调整到要录制的范围。单击 rec 红色按钮或者按 F9 键进行录制。

> 提示：视频录制时快捷键主要有F9、F10，F9为开始和暂停键，F10为结束录制键。

开始录制后桌面会出现倒计时提醒开始录制，如图 5-20 所示。此时会弹出如图 5-21 所示的窗口，按 F9 键可以暂停录制视频，再次按 F9 键可以继续录制。

图 5-20

图 5-21

视频录制完成后，按 F10 键结束录制，弹出"预览"对话框，可以预览视频，如图 5-22 所示，将其保存并进行编辑，完成视频的录制。

图 5-22

5.2 使用Camtasia Studio录制摄像头

　　Camtasia Studio 是一款专门捕获屏幕影音的工具软件。除了可以完成屏幕录制的操作外，还可以完成摄像头视频的录制。接下来讲解一下使用 Camtasia Studio 录制摄像头的方法和技巧。

　　打开 Camtasia Recorder 录制器，此时的摄像头处于关闭的状态，如图 5-23 所示。单击摄像头按钮来激活摄像录制功能，单击其右侧的下拉箭头来选择摄像设备，如图 5-24 所示。

图 5-23

图 5-24

网络摄像的实时录像出现在摄像选项的右侧，要放大显示摄像的效果，把光标悬停于实时录像图标之上即可实现，如图 5-25 所示。

图 5-25

5.2.1　设置录制文件格式

Camtasia Studio 可以录制两种文件格式：TREC 和 AVI。在默认情况下，录制的文件格式为 TREC，如图 5-26 所示为 TREC 和 AVI 格式的图标。

图 5-26

在 Camtasia 的录制器中，执行"工具 > 选项 > 主选项卡 > 存储组盒子 > 录制选项"命令，如图 5-27 所示。切换到"常规"选项卡，用户可以设置录制视频格式和临时文件的存放位置等参数，如图 5-28 所示。

图 5-27

图 5-28

1.TREC 格式

TREC 格式是 Camtasia Studio 默认的文件格式。文件中包含了所有的录制内容以及各种编辑数据，以便于用户随时打开再次编辑。使用智能聚焦或者是网络摄像时，必然使用该格式的文件。TREC 格式的文件共包含以下内容。

➤ 视频支持画中画模式

➤ 鼠标数据

➤ 智能聚焦和相应动画数据

➤ 按键标注

➤ 麦克风声音

➤ 系统声音

➤ 标签数据

> 提示：Camtasia的TREC格式是一种自定义的文件格式，该文件格式可以拥有多个视频文件，其他视频编辑软件并不能读取或打开TREC格式。包含在TREC格式中的数据允许用户在录制完成后，使用Camtasia Studio对视频文件进行后期编辑。

2. AVI 格式

使用 AVI 格式文件，可以在 Camtasia Studio 之外共享录制文件，但用户不能为视频增加标记、使用智能聚焦、记录快捷键、使用网络摄像等操作。

5.2.2　设置输入设备

在"工具选项"对话框中，选择"输入"选项，在对话框中对输入设备进行设置，如图 5-29 所示。

图 5-29

- 屏幕捕获帧速率: 帧速率可以选择视频每秒的捕获速率。更大的速率通常会产生更流畅的视频。当然视频体积也较大，并需要更多的系统资源来记录视频。
- 视频设置：单击该按钮，打开"视频压缩设置"对话框，允许用户选择屏幕捕获解码器。
- 恢复默认值：单击该按钮，视频的捕获帧速率会自动设置为 30 帧。
- 音频设备：选择从下拉菜单中选择麦克风或音频设备。
- 音量滑块：拖动音量滑块来调整记录音量的高低。
- 音频设置：单击该按钮，可选择记录文件的音频格式。
- 录制系统音频：系统音频是系统从你的电脑自动记录的声音，例如鼠标单击声音和音频播放，禁用此选项可以不记录系统音频。
- 摄像头设备：可以从下拉列表中选择摄像装置。如果设备安装在正确的位置，将出现一个预览。
- 设备属性：可以查询相机设备的文档。
- 格式设置：可以查询相机设备的格式。

5.3　使用Camtasia Studio录制PPT

使用 Camtasia Studio 可以快速地录制 PPT 视频，并将视频转化为交互式录像放到网页上面，也可转化为绝大部分的视频格式，如 AVI、SWF 等。用 PowerPoint 插件，可以实现以下功能。
- 快速记录和制作 PowerPoint 演示文稿作为出现在网页的交互视频。
- 包括音频或视频摄像机，将画中画录制下来。
- 将 PowerPoint 录制保存为 Camtasia Studio 项目文件（CAMPROJ）来编辑或制作成各种各样的文件格式。
- 自动将标记添加到演示文稿中，将每个幻灯片记录在文件中。如果在最后一个视频中包含一个目录，则标记显示为目录项的表。

5.3.1　动手操作03——使用Camtasia Studio录制PPT的过程

使用 Camtasia Studio 录制 PPT 共包括两部分内容：录前准备和录制过程。接下来对使用 Camtasia Studio 录制 PPT 的过程进行详细的讲解。

1. 录前准备

根据思路设计好，制作一个页面，然后设计动画，设计好页面跳转。第一张不要设置自动播放，如需自动播放，就在前面加一张空白幻灯片。

步骤 01 打开要录制的 PPT 后，启动 Camtasia Studio 软件，单击"录制屏幕"按钮，选择"录制屏幕"选项，如图 5-30 所示。

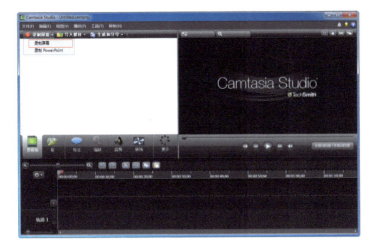

图 5-30

步骤 02 单击"选择区域"中的"自定义"按钮，如图 5-31 所示。调整绿色虚线上的四方块，使整个矩形正好框住幻灯片，单击 PPT 右下方的"幻灯片反映"按钮，如图 5-32 所示。

图 5-31

提示： 在录制过程中也可启动 PowerPoint 中的内置插件，直接启动 Camtasia Studio 录制 PPT。

图 5-32

图 5-33

2. 正式录制

做好准备工作后，就要对该 PPT 进行正式录制了，在录制过程中需要注意尽量避免鼠标光标的随意移动，合适地进行停顿，具体步骤如下所示。

步骤 01 把鼠标光标设为"可见"，这样有利于用户使用光标对页面上的内容进行指定，如图 5-34 所示。打开 PPT，进入播放页面，按下 F9 键，弹出倒计时画面，倒计时结束后就可以开始录制了，如图 5-35 所示。

图 5-34   图 5-35

步骤 02 开头的时候可以先放松，试讲两句，找到感觉后就可以正式讲课了。开始时要点明教学目标，说明学习要求，指出重点和难点；结束时要有一个简短的总结，概括内容要点，帮助学习者梳理思路。

步骤 03 录制的时候，鼠标一定要随着讲解移动，不要静止。不要担心讲错，如果讲错了，按 PPT 中的"返回"按钮，再讲解一次，后期编辑时可以删去。

步骤 04 如果想暂停一会，就按 F9 键。课程结束，按 F10 键，停止录制，软件自动进入预览界面，单击"编辑"选项进入编辑页面。

5.3.2 PowerPoint录制的技巧

在录制并分享 PPT 演示文档时，为了使视频内容更加明了，学习过程更加轻松，接下来向用户分享 PPT 录制的技巧，通过下列技巧可以获得效果更好的视频文件。

➢ 最适宜的字号：32 磅（Arial）。

➢ 使用无衬线字体。

- 使用高反差对比：深色文字搭配浅色背景，浅色文字搭配深色背景。
- 使用简单明快的背景，无须复杂的背景。
- 录制前要进行拼写检查。
- 使用 PPT 的备注记录。PPT 的备注可以置入 Camtasia Studio 中作为标注使用。
- 使用标题占位符格式，这样置入 Camtasia Studio 的题目将会作为标记出现在列表中。
- 使用正确裁切的图像。
- 使用简单的动画效果。
- 可在 PPT 中使用幻灯片切换效果，不要在 Camtasia Studio 中使用切换效果，在整个演示稿中使用相同的切换效果。

5.3.3　激活PowerPoint插件

在 Camtasia Studio 安装时，内嵌 “录制 PowerPoint” 功能在默认状态下已被激活。也可后期在 Camtasia Studio 中激活该项功能，执行“工具 > 录制 PowerPoint”选项即可，如图 5-36 所示。使用 PPT 内嵌的 Camtasia Studio 插件可直接在 PPT 中录制并生成 PPT 演示文档，如图 5-37 所示。

图 5-36

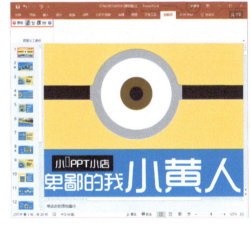

图 5-37

- 录制音频 🎤：可录制旁白声音。
- 录制摄像头 📷：可录制画中画的效果。
- 显示摄像头预览 📹：在录制过程中可预览实时录像。
- 录制选项 🖼：单击该按钮，可修改 Camtasia Studio 的录制选项。
- 录制 ●录制：单击该按钮开始录制。

单击“录制”按钮后，演示文档将以演示播放的模式打开，屏幕的右下角将会出现一个对话框，可以单击“点击开始录制”按钮，如图 5-38 所示。一直录制到 PPT 演示完所有的幻灯片，按下 Esc 键，用户可以在录制过程中随时停止。在演示文档结束时要停止录制可单击“停止录制”按钮，如图 5-39 所示。输入文件名并选择存储位置后单击“保存”按钮，将录制的演示文档存储为 TREC 格式，如图 5-40 所示。

图 5-38   图 5-39

图 5-40

5.3.4 　PowerPoint内嵌插件

单击"Camtasia Studio 录制选项"按钮，弹出"Camtasia Studio 插件选项"对话框，如图 5-41 所示。

- ➢ 开始录制时暂停：允许用户对音量设置做最后的调整。
- ➢ 包含水印：勾选该复选框，录制时会包含一个永久性水印标记，用户也可在 Camtasia Studio 中使用生成向导增加一个水印标记。
- ➢ 视频帧率：每秒的帧数越多，通常会生成更为流畅的视频，但文件也会增大。
- ➢ 音频源：选择声音来源并设置音量。

图 5-41

5.3.5 PowerPoint内嵌水印插件的选项

在"Camtasia Studio 插件选项"对话框中勾选"包含水印"复选框，单击"水印"按钮，如图 5-42 所示。弹出"水印选项"对话框，如图 5-43 所示。

图 5-42　　　　　　　　　　　图 5-43

> 图像路径：单击其下面的文件保存按钮，可选择后缀为 bmp、gif、png 或 jpg 格式的图片作为水印标记。
> 使用透明色：隐藏与水印区域匹配的透明色彩，能够使视频内容一直显现水印标记。
> 位置：选择水印标记在视频中的位置。

提示：添加水印主要是用来标识视频的所有者或制作者，保护制作者的知识产权，也能够体现公司或组织的 logo标识。用户也可通过Camtasia Studio向导工具添加水印。

5.3.6 存储PPT幻灯片为图片格式

用户可以把 PPT 幻灯片存储为图片格式，然后把这些图片置入 Camtasia Studio 中。这样当录音或 PPT 出现错误时，用户只需重新录制相应的错误内容即可，无须重新录制全部的内容。

打开一个 PPT 演示文档，执行"文件 > 另存为"命令，弹出"另存为"对话框，如图 5-44 所示。从"保存类型"下拉列表中选择一种图片的类型，然后单击"保存"按钮，如图 5-45 所示。

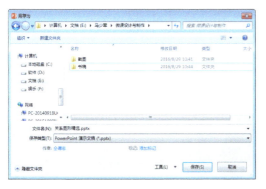

图 5-44　　　　　　　　　　　图 5-45

在弹出的对话框中可选择单击"所有幻灯片"或"仅当前幻灯片"按钮，如图 5-46 所示。

图 5-46

5.4　工具栏的使用

在录制的过程中，用户可以自定义哪些工具将会出现在工具栏上。在默认情况下，只有持续时间和音频选项会出现在工具栏中。

5.4.1　显示或隐藏录制工具栏

在录制器中，执行"工具＞录制工具栏"命令，如图 5-47 所示。弹出"录制工具栏"对话框，如图 5-48 所示。在该对话框中可激活或取消工具栏中的工具。

图 5-47　　　　　　　　　　图 5-48

➤ 音频：声音输入记录显示了录制时的声音品质，当声音输入记录在绿色到浅橘黄色之间时，将生成最好的音质效果；在橘黄到红色之间时，表明声音文件被裁剪了。拖动滑块可调整声音大小，如图 5-49 所示。

图 5-49

➤ 摄像头：在摄像工具栏上会显示一个实时的摄像头录制的预览图，当放大显示预览效果时，把光标悬停于预览图标上即可，如图 5-50 所示。

图 5-50

➤ 统计：状态工具栏提供了关于录制的一些信息，包括帧和速率（每秒的帧），可向用户清楚地展示当前的录制状态，如图 5-51 所示。

图 5-51

➤ 效果：效果工具栏包括屏幕绘制和添加标记两项功能，通过此功能可对录制视频添加特殊效果，例如添加标记和高亮重点内容等，如图 5-52 所示。

图 5-52

➤ 持续时间：表示当前视频录制的总时长，如图 5-53 所示。

图 5-53

5.4.2 动手操作04——添加屏幕绘制

步骤 01 打开录制器，执行"工具 > 录制工具栏"命令，如图 5-54 所示。弹出"录制工具栏"对话框，勾选"效果"复选框，单击"OK"按钮，如图 5-55 所示。

图 5-54

图 5-55

步骤 02 单击"rec"按钮开始录制，倒计时结束后，屏幕绘制的选项出现，如图 5-56 所示。

图 5-56

步骤 03 在"效果"工具栏中单击"屏幕绘制"按钮，随后屏幕绘制窗口拓展开来，如图 5-57 所示。

图 5-57

步骤 04 在该工具面板中选择一个工具在屏幕上单击并拖动进行绘制，如图 5-58 所示。使用快捷键 Ctrl+Z 取消刚刚的绘制动作，如图 5-59 所示。

步骤 05 单击下拉箭头，选择"工具 > 箭头"选项，将效果改为箭头，如图 5-60 所示。继续在屏幕中进行绘制，如图 5-61 所示。

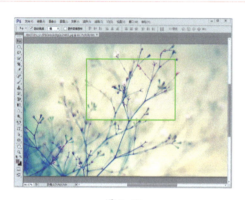

图 5-58

图 5-59

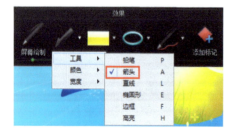

图 5-60

图 5-61

5.4.3　添加屏幕绘制的快捷键

在录制时使用屏幕绘制功能，可以绘制诸如箭头及圆圈的曲线，如图 5-62 所示。而这些绘制的曲线将永久存在，并且不能被更改或者删除。

图 5-62

当录制全屏时，使用屏幕绘制的快捷键将会启动屏幕绘制，并更改绘制工具，用户可以更改工具、色彩及绘制曲线的线宽。绘制屏幕的快捷键如下表所示。

命令	快捷键	命令	快捷键
启动屏幕绘制	Ctrl+Shift+D	圆	E
工具线宽	1~8 的线宽	铅笔	P
形状	F	线	L
高亮	H	箭头	A
青	C	绿	G
红	R	取消	Ctrl+Z
重做	Ctrl+R	退出	ESC

5.4.4 录制时增添系统标记信息

在录制过程中时间和日期信息及录制的进程时间等系统标记信息将会被插入到录制的内容中，具体操作步骤如下所示。

执行"效果＞注释＞添加系统戳记"命令，如图 5-63 所示。单击"rec"按钮，开始录制。完成录制后，进入"预览"页面，可以看到画面的右上角会显示系统的当前时间，如图 5-64 所示。

图 5-63

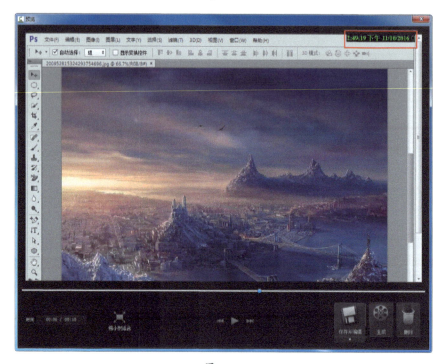

图 5-64

5.4.5　动手操作05——录制时添加标题

步骤 01 在录制前，执行"效果 > 注释 > 添加标题"命令，如图 5-65 所示。单击"rec"按钮，弹出"Enter Caption"对话框，输入相应文字，如图 5-66 所示，单击"OK"按钮。

图 5-65

图 5-66

步骤 02 单击"rec"按钮，开始录制视频。完成录制后，进入"预览"页面，可以看到画面的正上方显示刚刚输入的标题名称，如图 5-67 所示。

图 5-67

5.5　视频的预览与保存

当录制完成后，首先要对该视频进行预览，查看视频是否录制成功。预览完成后，就需要对刚刚录制的片段进行保存，从而方便用户对该视频进行编辑与修改。接下来就对视频的预览与保存进行详细的讲解。

5.5.1　预览录像

当停止录制时，预览窗口就会出现。这时用户可以预览任何音频和视频录制记录。预览窗口中包括"播放 / 暂停""保存并剪辑""生成"和"删除"按钮，如图 5-68 所示。

图 5-68

1. 改变视图

改变视图共有两个模式，分别是"缩小到合适"和"在100%查看"，用户可根据自己的需要自行进行选择。

➢ "缩小到合适"按钮的作用：单击该按钮，这时按钮会变为"在100%查看"，如图5-69所示。

> 提示：在"缩小到合适"视图中，记录预览按比例缩小到窗口内。预览中可能会弹出模糊或马赛克现象，但这并不能反映最终记录文件的质量。

➢ "在100%查看"按钮的作用：单击该按钮，这时按钮会变为"缩小到合适"，窗口会变为第一次出现的效果。如果用户记录的全屏幕或大尺寸，滚动条可能会出现在预览窗口中，让用户查看完整的视频界面，如图5-70所示。

图 5-69   图 5-70

2. 后期选项

预览视频后，大多用户选择的是保存并编辑，而不是直接生成。在保存的过程中一定要把格式改为TREC，以便后期进行编辑和剪辑。TREC文件格式是Camtasia Studio新的起点。

➢ "保存并编辑"按钮的作用：保存记录为Camtasia文件（TREC），并在Camtasia Studio中编辑录制的文件，如图5-71所示。

图 5-71

➢ "生成"按钮的作用：保存并选择一种视频格式输出到指定位置或上传到网络共享，如图5-72所示。

图 5-72

➢ "删除"按钮的作用：永久删除当前录制的文件，如图5-73所示。

图 5-73

5.5.2 保存录像

　　一般保存录像有两种情况，一是当录制完成后单击"保存并编辑"按钮；二是编辑完录像后再生成视频文件。

　　在预览窗口中单击"保存并编辑"按钮，就会出现一个新的"Camtasia Recorder"保存对话框，保存的格式为 TechSmith 录制文件（*.trec），以便后期对视频进行剪辑和编辑，如图 5-74 所示。

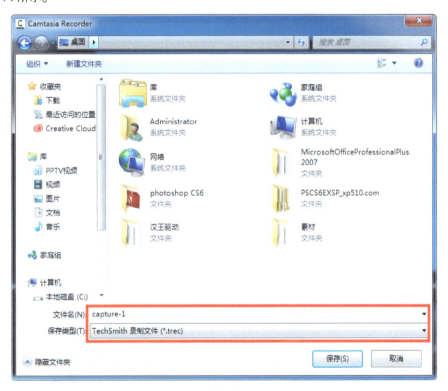

图 5-74

5.6　本章小结

　　本章主要对使用 Camtasia Studio 录制视频、录制 PPT 和录制摄像头等知识进行了详细的讲解，让用户了解如何去录制不同种类的视频，并且通过实际操作的案例使用户更快地了解软件的使用方法。

5.7 课后练习

通过本章的学习，相信用户已经对 Camtasia Studio 已经有了简单的了解和认识，接下来通过实际的操作练习介绍为录制视频添加标题与屏幕绘制。

步骤 01 打开录制器，执行"效果 > 注释 > 添加标题"命令，单击"rec"按钮，弹出"Enter Caption"对话框，在对话框中输入标题，如图 5-75 所示。单击"选项"按钮，弹出"Caption Options"对话框，设置相应参数，单击"OK"按钮，如图 5-76 所示。

图 5-75　　　　　　　　　　　　　　　　　　图 5-76

步骤 02 打开 Camtasia Studio 软件，如图 5-77 所示。打开要录制的内容，例如 Photoshop、PPT 等内容，如图 5-78 所示。

图 5-77　　　　　　　　　　　　　　　　　　图 5-78

步骤 03 单击"录制屏幕"按钮，弹出录制器对话框，如图 5-79 所示。设置好视频录制尺寸，在"自定义"下拉列表中选择"锁定到应用程序"选项，如图 5-80 所示。

图 5-79   图 5-80

步骤 04 单击"rec"按钮，开始录制后桌面会出现倒计时提醒开始录制，如图 5-81 所示。在需要添加屏幕绘制的地方，单击"屏幕绘制"按钮，在画面中添加标注，如图 5-82 所示。

图 5-81   图 5-82

步骤 05 当完成屏幕的录制后，按 F10 键结束录制，弹出"预览"对话框，如图 5-83 所示。单击"保存并编辑"按钮，将该文件保存为"5-6.trec"，如图 5-84 所示。

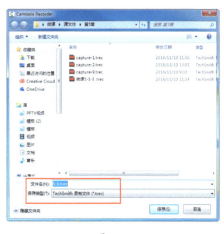

图 5-83   图 5-84

步骤 06 单击"保存"按钮后，即可进入到 Camtasia Studio 的后期制作页面，如图 5-85 所示，完成对录制视频添加标题与屏幕绘制的制作。

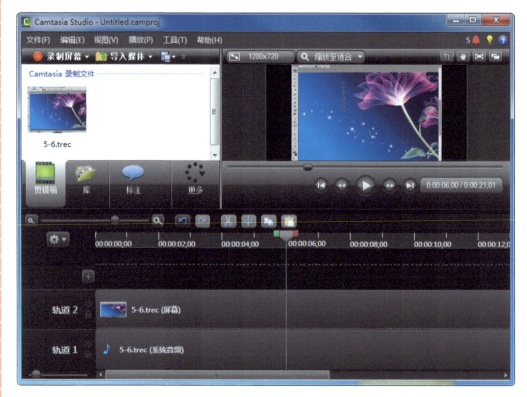

图 5-85

06

Chapter

使用Camtasia Studio 剪辑视频

Camtasia Studio具有强大的视频剪辑功能，可以将多种格式的图像、视频剪辑连成视频，也可以将一整段视频分割为好几段视频。本章主要为大家介绍在视频剪辑中常用到的功能。

6.1 Camtasia Studio编辑器的基本介绍

使用 Camtasia Studio 编辑器可以完成录制视频的各种编辑工作，以获得符合要求的视频文件。编辑器中有多种视频编辑工具，例如添加标注、缩放、音频、转场和光标效果等，编辑完成后可以将视频导出多种格式，例如 MP4、WMV、MOV、AVI、M4V 和 GIF 等。接下来对 Camtasia Studio 编辑器窗口进行简单的介绍，如图 6-1 所示。

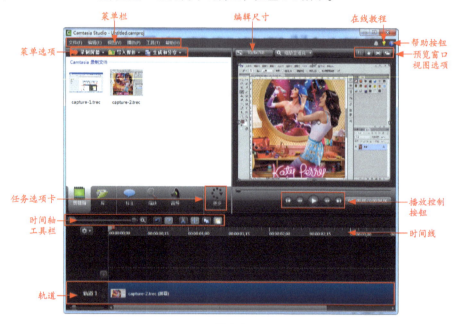

图 6-1

➤ 菜单栏：菜单栏中包含可以执行的各种命令，单击菜单名称即可打开相应的菜单选项。

➤ 菜单选项：包括"录制屏幕""导入媒体""生成和共享"功能。

➤ 编辑尺寸：单击该按钮，打开"编辑尺寸"对话框，如图 6-2 所示。用户可在该对话框中选择视频的编辑尺寸。

➤ 缩放至合适：可选择画布上的视频放大级别，但这并不会改变视频的编辑尺寸，选择"缩放至合适"选项，能够在画布的边界内查看整个视频。如图 6-3 所示为该按钮的下拉菜单选项。

图 6-2

图 6-3

➢ 帮助按钮：单击该按钮，打开 Camtasia Studio 的帮助文件，如图 6-4 所示。里面包含有价值的信息，帮助用户学习如何记录、编辑、生成和共享视频文件。

提示：用户也可执行"帮助>Camtasia Studio帮助"命令，打开Camtasia Studio帮助文件教程。

➢ 在线教程：单击该按钮，进入www.techsmith.com网站，获得在线训练视频和文档，如图6-5所示。

图 6-4   图 6-5

➢ 预览窗口视图选项：在预览窗口视图中共包括 4 个选项，分别为"裁剪视图"按钮、"移动视图"按钮、"切换到全屏模式"按钮和"分离或附加预览窗口"按钮。

    ● "裁剪视图"按钮 ⯐：单击该按钮，打开裁剪视图模式，拖动蓝色边框去除不需要的区域，如图 6-6 所示。

    ● "移动视图"按钮 ⯐：单击该按钮，打开移动视图模式，光标变为抓手效果，单击并拖动视频调整视频的显示位置，如图 6-7 所示。

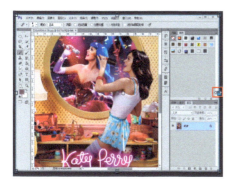

图 6-6   图 6-7

    ● "切换到全屏模式"按钮 ⯐：在全屏模式下查看整个画布，按 ESC 键退出全屏模式。

提示：当再次单击"分离或附加预览窗口"按钮时将回到Camtasia Studio编辑器中。

    ● 分离或附加预览窗口 ⯐：单击该按钮，将视频预览窗口单独分离出来，如图 6-8 所示。

➢ 播放控制按钮：包括上一个剪辑、后退一步、播放、前进一步和下一个剪辑命令。

➢ 任务选项卡：在任务选项卡中包括音频、转场、光标效果、可视化属性和字幕等，用户可单击"更多"按钮以显示更多选项。

图 6-8

➢ 剪辑箱：录制的所有视频、音频或导入的相关素材都将在剪辑箱中保存，如图 6-9 所示。

➢ 库：库选项中拥有项目中使用的时间轴序列、视频、音频和图像剪辑等文件。库中的项目被称为媒体资产，如图 6-10 所示。

图 6-9

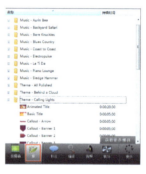

图 6-10

➢ 时间线：主要用于组合和编辑用户的视频。

➢ 时间轴工具栏：获取基本的编辑工具，例如撤销、重做、复制、粘贴、剪切和分割等命令。

➢ 轨道：轨道代表在视频中的所有剪辑和效果的序列。单击鼠标右键可查看轨道选项，例如添加一个轨道、删除一个轨道、选择轨道上的所有媒体等命令。

6.2　制作微课和慕课前的准备工作

在制作微课和慕课之前，用户通常会收集一些与课程相关的图片、背景音乐和视频等素材。那么如何正确地保存这些素材文件呢？

首先用户应当在"我的电脑"中找到一个合适的位置建立文件夹，例如"我的课程"，在该文件夹下建立图片、音频、视频等子文件夹，以便用来管理不同类型的素材。

6.2.1 保存录屏内容

当使用 Camtasia Studio 录屏结束后，会自动弹出录屏文件预览窗口，可以提前预览录屏效果是否满意。若不满意可单击"删除"按钮将其删除；满意的话则单击"保存并编辑"按钮，如图 6-11 所示，将录屏文件保存到"我的课程 > 视频"文件夹中，如图 6-12 所示。

图 6-11   图 6-12

提示： Camtasia Studio默认将录屏文件保存为.trec格式，保存完毕后会自动弹出Camtasia Studio后期编辑器窗口。

6.2.2 设置录屏内容分辨率

当对视频文件进行保存后，录屏文件会自动添加到左侧的剪辑箱面板和下方的轨道中，如图 6-13 所示。接下来要做的就是设置项目分辨率。预览窗口左上角会显示当前项目的分辨率（默认的是录制尺寸），用户可根据需要手动进行自定义设置，如图 6-14 所示。

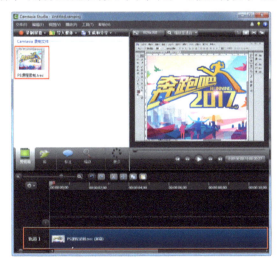

图 6-13   图 6-14

6.2.3 保存录屏内容

调整好录制视频后，执行"文件 > 保存项目"命令，将项目保存到"我的课程"文件夹下，如图 6-15 所示。

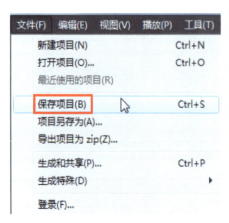
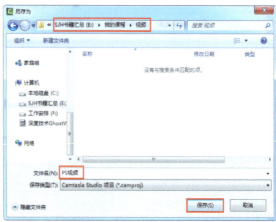

图 6-15

> 提示：Camtasia Studio录屏文件和项目文件的区别如下所示。
> ➤ 录屏文件：当屏幕录制完毕后会自动保存为.trec录屏文件，它实际上是微课和慕课视频制作的素材之一，这种视频文件普通播放器无法播放，只能通过Camtasia Studio进行观看和编辑。
> ➤ 项目文件：当启动过Camtasia Studio编辑器后，保存的.camproj文件叫作项目文件，它存储的是视频编辑的各种操作和信息，保存好之后，方便之后随时打开继续对该项目进行编辑。

6.2.4 整理项目文件夹

整理微课和慕课视频中用到的所有素材时，要将素材按照类别存放到不同的文件夹中，例如音频、视频、图片和 Camtasia Studio 的项目文件（.camproj 文件），避免造成素材的丢失。

打开课件项目文件时，如果出现如图 6-16 所示的对话框，则表示剪辑箱中的文件为丢失的状态，如图 6-17 所示，时间轴面板如图 6-18 所示。

图 6-16

图 6-17

> 提示：当需要转移正在编辑的整个视频工程时，不能只复制.camproj项目文件，而需要把项目中用到的所有素材都一并复制。

图 6-18

6.2.5 导出项目为zip

将素材文件整理好有利于整个项目的备份和转移，如图 6-19 所示为一个项目文件存放方式的示意图。

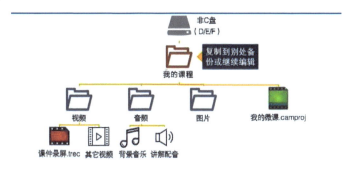

图 6-19

如果用户没有将制作微课的素材整理好，可执行"文件 > 导出项目为 zip"命令，弹出"导出项目为 Zip"对话框，设置相应的文件地址，如图 6-20 所示。单击"确定"按钮，可将所有的素材打包为一个 zip 文件，如图 6-21 所示。

图 6-20　　　　　　　　　　　　图 6-21

提示："导出项目为Zip"，这项功能能够直接将项目文件和它所引用的所有音频、视频和图片文件放到一起打包保存。

6.3 剪辑箱

剪辑箱主要用来存放导入的所有视频、音频和图像剪辑素材。用户可以通过拖曳或导入的方式将剪辑箱中的内容添加到时间轴上。下面为用户详细讲解剪辑箱的使用方法。

6.3.1 导入媒体到剪辑箱

Camtasia Studio 可以对视频文件进行编辑，在新建一个项目后，可以通过执行"文件 > 导入媒体"命令，将需要编辑的视频文件导入剪辑箱中，如图 6-22 所示。

图 6-22

提示：Camtasia Studio支持导入TREC、AVI、MP4、MPG、MPEG、WMV、MOV和SWF等格式的视频文件。

6.3.2 查看媒体属性

要查看剪辑箱中媒体的剪辑属性，例如文件名、位置或大小等信息，可在剪辑箱中单击鼠标右键，在弹出的快捷菜单中选择"属性"选项，如图 6-23 所示。在"属性"对话框中可查看该媒体的详细信息，如图 6-24 所示。

图 6-23

淘宝店铺.trec 属性

属性
E:\我的课程\视频\淘宝店铺.trec

轨道 #0: 屏幕视频

编码: tsc2
外观大小: 1024x768
持续时间: 0:00:20:24
速率: 29.38 帧/秒

确定

图 6-24

6.3.3　更改剪辑箱视图

在默认情况下，剪辑箱显示剪辑视频的缩略图，如图 6-25 所示。用户可更改剪贴视图或按不同的标准对剪辑进行排序，以帮助用户管理剪辑箱中的内容。

若要更改视图，单击鼠标右键，在弹出的快捷菜单中选择"视图>详细信息"命令，改变剪辑箱中的文件显示模式，如图 6-26 所示。

图 6-25　　　　　　　　　　　　　　　　图 6-26

6.3.4　在剪辑箱中排列媒体

在默认情况下，剪辑箱通过媒体的类型将其排列成组，用户也可根据名称、类型、尺寸和持续时间对剪辑箱中的媒体进行排序。要更改排序条件，可单击鼠标右键，在弹出的快捷菜单中选择"分类按"选项，对剪辑箱中的媒体重新进行排序，如图 6-27 所示。

图 6-27

6.3.5　在剪辑箱中删除媒体

要删除在时间轴上的未使用的任何剪辑或媒体，可在"剪辑箱"中单击鼠标右键，在弹出的快捷菜单中选择"删除未使用的剪辑"选项即可，如图 6-28 所示。

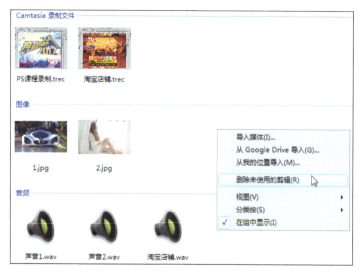

图 6-28

6.3.6　添加到时间轴

　　用户可以将剪辑箱中的一个片段的多个实例添加到时间轴上。一个生成的视频只包括在时间轴上的剪辑和视频元素。剪辑库中的视频文件不受时间轴上任何编辑的影响。接下来介绍将剪辑箱中的文件添加到时间轴的方法。

　　拖动素材从剪辑箱到时间轴或单击鼠标右键，在弹出的快捷菜单中选择"添加到时间轴播放"选项，即可将素材添加到时间轴中，如图 6-29 所示。拖入后可以在时间轴上对视频进行剪辑和分割等操作。

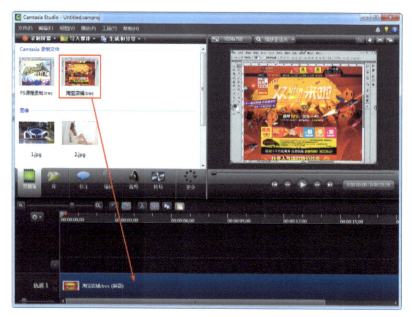

图 6-29

6.4　时间轴

以上对剪辑箱的基本操作进行了简单的讲解，接下来对时间轴的操作进行介绍，包括缩放时间轴、调整剪辑速度、扩展帧、导出帧、组合和解锁时间轴上的媒体等。

6.4.1　时间轴的概述

时间轴也称为时间线，包括时间轴刻度、时间轴缩放和时间轴指针等内容，如图6-30所示。

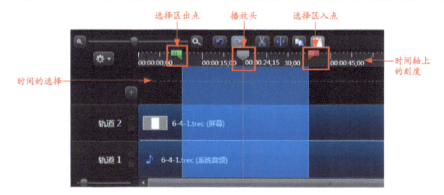

图 6-30

➢ 时间轴上的刻度：通过观察时间轴上的时间刻度，能够确定素材的持续时间和时间线指针的位置等信息。

➢ 播放头：指示在时间轴上选择的当前帧，选中的当前帧将会显示在预览窗口中。

➢ 选择区入点 / 选择区出点：确定一个区域的起始和结束位置，用户可以对区域内所有轨道的素材进行处理。

➢ 时间的选择：拖动播放头上绿色或红色的点，对视频区域做出选择。双击任何部分则会恢复默认播放头效果。

6.4.2　缩放时间轴

时间轴显示比例可以放大或缩小，放大时间轴则时间刻度变细，而缩小时间轴则时间刻度变大。时间轴实际上就相当于是一个比例尺，通过放大或缩小时间轴来显示视频比例，相当于改变了视频显示比例大小。

时间轴显示比例可以通过两种方式调节。

➢ 单击放大缩小按钮或拖动中间控制点调节时间轴显示比例，如图 6-31 所示。

➢ 按下 Ctrl 键的同时滚动鼠标滚轮（鼠标放在轨道素材区任意位置），可以快速调整时间轴显示比例，这种方式最为方便快捷。

图 6-31

提示：时间轴的缩放一般在以下两种情况中使用。

➢ 通过放大时间轴来精细选择轨道上的素材（比如某一帧）。

➢ 通过放大缩小时间轴来多选轨道上的素材。在轨道区域一直按着Ctrl键不放，然后通过滚动滚轮来缩放时间轴，观察并逐一选择需要的素材。

6.4.3　动手操作01——调整剪辑速度

视频录制完成后，如果希望调整视频的播放速度，可以通过调整剪辑速度的方式实现。调高剪辑速度值，能够使视频播放速度变快。调低剪辑速度值，能够使视频播放速度放慢。视频快慢的变化除了可以实现更多的特殊效果外，也可以控制视频播放时间，满足不同的工作需求。

步骤 01 在时间轴上选择一个视频文件，如图 6-32 所示。单击鼠标右键，在弹出的快捷菜单中选择"剪辑速度"选项，如图 6-33 所示。弹出"剪辑速度"对话框，设置相应参数，如图 6-34 所示。

图 6-32

图 6-33　　　　　　　　　　　　图 6-34

步骤 02 单击"确定"按钮，剪辑速度被添加到剪辑的动画视图中，单击剪辑的结尾，查看剪辑速度统计。拖动剪辑的两端以加快或减慢剪辑速度，时间轴面板如图 6-35 所示。

图 6-35

6.4.4　扩展帧

视频是由一个一个的画面组成的，而这些画面就是帧，帧的多少决定了视频的长度。Camtasia Studio 提供了一个能够将某一个画面延长播放的功能，这就是扩展帧操作。

时间线指针先放到想要扩展的那一帧的位置上，单击鼠标右键，在弹出的快捷菜单中选择"扩展帧"选项，如图 6-36 所示。

图 6-36

在弹出的对话框中输入要扩展的时间，该帧（静态画面）就将持续多少秒。单击"确定"按钮，完成扩展帧的操作，如图 6-37 所示。

图 6-37

6.4.5　导出单帧

对于帧的操作，还有一个"导出帧为"的功能，就相当于截取画面。可以把播放头放到要截取画面的位置，执行"文件 > 生成特殊 > 导出帧为"命令，将图片保存到合适的位置，如图 6-38 所示，即可将时间线指针所在处的画面截取保存下来，如图 6-39 所示。

图 6-38

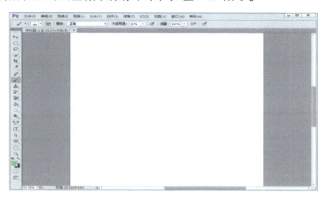

图 6-39

6.4.6　素材的组合与解组

时间轴上多段独立的素材可以通过组合的方式合并为一个文件，这样在进行移动等编辑操作时会方便很多。同时一个素材能组合也能解组，解组后的素材会恢复到一段一段的状态。类似于 PowerPoint 中的编组功能，将多个图片、文本框等组合起来，方便执行移动、对齐和设置属性等操作。

按下 Ctrl 键选中需要组合的多段素材，在素材上单击鼠标右键，在弹出的快捷菜单中选择"组"选项，如图 6-40 所示，即可完成组合。选中素材组合，单击鼠标右键，在弹出的快捷菜单中选择"取消编组"选项即可取消组合，如图 6-41 所示。

提示：当将相应的媒体组合为一组时，媒体还将保留在时间轴的原始位置上。

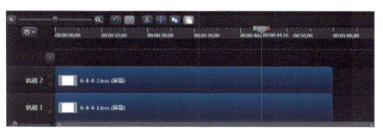

图 6-40

图 6-41

提示：也可使用快捷键Ctrl+G对选中的媒体执行组合操作，使用快捷键Ctrl+U对选中的素材组合执行取消组合操作。

6.4.7　媒体组的操作

将多个媒体文件组合为一组后，同一组中的媒体轨道将不能被单独锁定。一个组中可以包含无限数量的媒体或轨道，并且一个组还可添加到其他组中。接下来向用户介绍一个组的基本操作。

➤ 修改组名：双击组名称，该名称将可编辑，如图6-42所示。输入新的名称即可，如图6-43所示。

图 6-42　　　　　　　　　　　　　　　　　　图 6-43

➢ 打开或关闭一个组：要打开一个组，可单击"+"号，如图6-44所示。要关闭一个组，可单击"-"号，如图6-45所示。

图6-44 图6-45

提示：也可双击组名旁边的蓝色区域执行打开或关闭组的操作。

➢ 将媒体添加到一个组中：选中需要添加到组中的媒体，拖动媒体到组的上方悬停，直到组头变成白色的虚线围绕它，如图6-46所示。保持悬停，直到组打开和媒体出现在组中，将媒体放置在所需的位置，如图6-47所示。

图6-46 图6-47

➢ 向库中添加一个组：选中需要添加的组，单击鼠标右键，在弹出的快捷菜单中选择"添加资源到库"命令，如图6-48所示，即可将该组添加到库中，如图6-49所示。

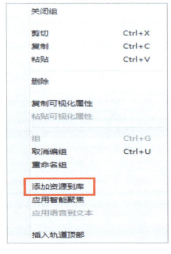

图6-48 图6-49

184

6.4.8　时间轴上的标记

使用标记能够在时间轴上创建导航点，在编辑过程中方便用户对标记区域进行编辑，当一个标记被添加到时间轴上时，标记视图会在时间线的顶部自动打开，如图 6-50 所示。

图 6-50

> 媒体标记：时间轴中的标记 1 和标记 3 属于媒体标记，媒体标记以蓝色显示。将标记固定到媒体或组时，媒体或组执行移动、删除、复制、粘贴到库中时，标记都跟随媒体移动。

> 时间轴标记：时间中的标记 2 属于时间轴标记，时间轴标记以绿色显示。默认情况下，添加的标记为时间轴标记，当媒体或组执行移动、删除、复制、粘贴到库中时，标记无法跟随媒体移动。

使用时间轴上的标记 / 测试按钮来显示或隐藏标记视图，如图 6-51 所示。

图 6-51

提示：当在标记视图关闭状态下添加问答时，需要将播放头移动到需要添加测试的位置。按M键，将测试视图打开，并将测试添加到时间轴上。

6.4.9　标记之间的互相转换

媒体标记和时间轴标记功能不同，根据需求可以转化为两种标记类型。用户可根据自己的需要对标记进行转换操作，接下来向用户讲解媒体标记转换为时间轴标记的方法。

打开标记视图，单击媒体标记缩略图选中对象。选择时以蓝色框显示，时间轴中标记指示器为黄色，如图 6-52 所示。

图 6-52

将鼠标光标悬停在时间线顶部的时间刻度上，弹出一个绿色的指示器。单击绿色指示器，该指示器将改变位置和颜色，此时它将转变为一个时间轴标记，如图 6-53 所示。

图 6-53

> **提示：**将鼠标停留在媒体上，弹出一个蓝色指示器。单击蓝色指示器，该指示器将改变位置和颜色，此时时间轴标记将转换为媒体标记。

6.4.10 显示或隐藏标记

当一个标记或测试被添加到时间轴上时，单击"显示或隐藏"按钮可以显示或隐藏标记，显示的标记会自动在时间轴的顶部打开，如图 6-54 所示。

图 6-54

6.4.11 标记的操作

在时间轴中对标记内容进行添加后，可对标记进行移动、删除、删除所有标记、更改标记名称和将所有标记进行分割等操作，接下来分别进行介绍。

➤ 移动：按下鼠标左键拖动标记，可对该标记的开始时间进行调整，如图 6-55 所示。

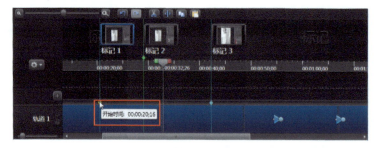

图 6-55

➤ 删除：选中需要删除的标记，单击鼠标右键，在弹出的快捷菜单中选择"删除"选项，即可删除该标记，也可按 Delete 键对选中的标记进行删除，如图 6-56 所示。

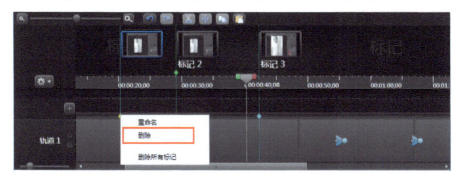

图 6-56

➤ 删除所有标记：在时间轴中选中一个标记，单击鼠标右键，在弹出的快捷菜单中选择"删除所有标记"选项，即可删除时间轴中的所有标记，如图 6-57 所示。

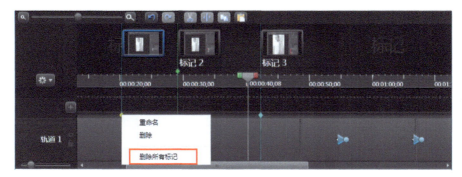

图 6-57

➤ 更改标记名称：打开标记视图并双击一个标记名称，如图 6-58 所示。输入新的名称，然后按 Enter 键即可更改该标记的名称，如图 6-59 所示。

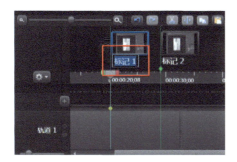

图 6-58

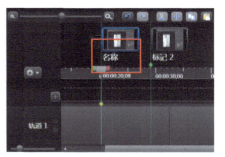

图 6-59

➤ 将所有标记进行分割：该功能可以针对时间轴上标记位置的位置自动分割剪辑，执行"编辑>标记>在所有标记分割"命令，将所有标记拆分，方便用户对每一段视频进行标记，如图 6-60 所示。

图 6-60

6.5 时间轴中视频的调整

使用 Camtasia Studio 进行剪切和分割，将不需要的视频内容进行剪切去除。如果想添加新的视频，在剪辑后进行分割，将新的视频拖入到时间轴。

在任何软件中都会用到复制和粘贴命令。在使用复制粘贴命令后，当对该媒体进行其他操作的话，不会对该媒体的本身造成任何影响。

6.5.1 剪切视频

当该段视频操作有误，或者在某处停顿时间过长时，可执行剪切视频的操作。视频从时间轴上进行剪切后，会将其添加到剪贴板上。如果需要，可将视频粘贴到其他时间轴上。

> 提示：在时间轴上的编辑不影响剪辑箱中的媒体文件，剪辑箱中将保持视频的原始文件。

将视频拖入到时间轴进行编辑，在时间轴上拖动进行选择。选定区域以蓝色高亮显示，单击"剪切"按钮可以将选中的视频区域删除，如图 6-61 所示。

从时间轴上可以看出，视频文件会从原来的 38 秒缩短到 28 秒，并且剪切过的视频会有一道缝隙，如图 6-62 所示。

图 6-61

图 6-62

> **提示：** 在操作过程中，用户可使用缩放滑块将时间轴上的媒体文件进行放大，在使用播放头选择区域时，使选择区域更加精确。

6.5.2 动手操作02——分割视频

分割按钮可以将一个媒体文件分割为两个，用户可以单独移动和编辑每一个片段。例如当视频与音频不符时，就可对视频执行分割命令，使其与音频文件对齐。具体操作步骤如下所示。

> **提示：** 音频与视频文件相同，在时间轴上的编辑不影响剪辑库中的音频文件，剪辑库中将保持最原始的文件内容。

步骤01 打开 camtasia studio 编辑器，执行"文件>打开项目"命令，选择如图 6-63 所示的文件，打开相应的项目文件，如图 6-64 所示。

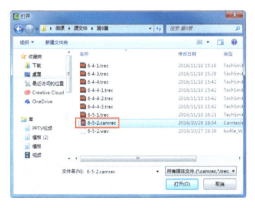

图 6-63

图 6-64

步骤02 单击"锁定"按钮，将音频轨道锁定。避免分割音频时影响到视频轨道上的媒体，如图 6-65 所示。选中需要分割的音频，选中部分显示为蓝色，将播放头拖到需要分割的位置，单击"分割"按钮，如图 6-66 所示。

图 6-65

图 6-66

提示：用户也可按S键分割视频文件。

步骤 03 该视频文件会被分割成两个单独的片段，选中后边的视频文件，按住鼠标左键不放，向后拖动到如图 6-67 所示位置。

提示：在拖动音频文件时需要注意，要将分割的音频文件拖动到与视频文件相符合的位置上。

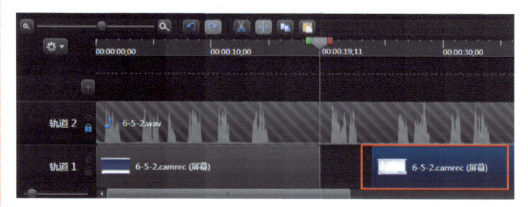

图 6-67

提示：由于分割的媒体文件拥有相同的名称，因此使用时要小心对它们进行编辑，以免混淆。

步骤 04 执行"文件 > 导入媒体"命令，将如图 6-68 所示的媒体文件导入到剪辑箱中。将导入的视频文件拖入刚刚分割的视频文件中，完成视频文件的分割与拼接，如图 6-69 所示。

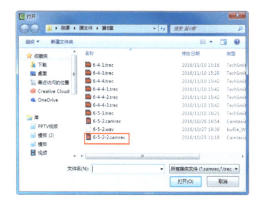

图 6-68   图 6-69

6.5.3　复制视频

拖动时间轴上的红、绿拖动块，选择要复制的区域，选中部分显示为蓝色，单击"复制"按钮，如图 6-70 所示。然后将鼠标移到"复制"按钮上，即可实现复制命令。

图 6-70

复制的方法有多种，在选中需要复制的视频后，单击鼠标右键，在弹出的快捷菜单中选择"复制"选项，如图 6-71 所示。也可使用快捷键 Ctrl+C 复制视频。

图 6-71

6.5.4 粘贴视频

对视频进行复制操作后，用户就可根据自己的需要将复制的视频粘贴到合适的位置。播放头所在的位置决定了粘贴视频文件的位置。

> 提示：与复制命令相同，粘贴的方法有很多，单击时间轴上的"粘贴"按钮即可实现粘贴操作，也可使用快捷键Ctrl+V粘贴视频，还可单击鼠标右键，在弹出的快捷菜单中选择"粘贴"选项，实现粘贴视频的操作。

➤ 将播放头放置在视频文件中进行粘贴操作时，粘贴的视频文件会自动新建一个视频轨道放置需要粘贴的视频，如图 6-72 所示。

➤ 将播放头置于视频的末端进行粘贴操作时，粘贴的视频文件会自动跟随在该视频的尾部，如图 6-73 所示。

图 6-72

图 6-73

6.6 轨道的管理

Camtasia Studio 中的轨道直接影响视频的录制和编辑。用户可以通过从素材库将素材拖入相应的轨道中或者在素材上单击鼠标右键，在弹出的快捷菜单中选择"添加到时间轴播放"选项两种方式将素材加入到轨道中。

> 提示：每条轨道上能放置多段素材，同轨道上的多段素材不能重叠。也就是说，同一时间点要显示多个画面内容，就需要用多个轨道放置素材。

6.6.1 调整轨道高度

通过"调整所有轨道高度"滑块对轨道的高低进行调整，滑块向左滑动，轨道高度增加，如图 6-74 所示。滑块向右滑动，轨道高度降低，如图 6-75 所示。轨道高度增加有利于观察单个轨道内对象；轨道高度降低则有利于观察所有轨道的分布情况。

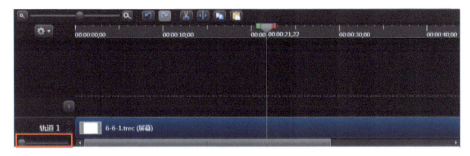

图 6-74

图 6-75

6.6.2 轨道的类别

在 Camtasia Studio 编辑器中，轨道分为两类：音频轨和视频轨，如图 6-76 所示。

➢ 音频轨道：音频在时间轴上显示为波形，音频可以从视频中分离出来，可为音频文件添加淡出、淡入和消除噪声等操作。

➢ 视频轨道：录制的视频会自动弹出在时间轴中，并形成视频轨道。在视频轨道中可对其中的媒体文件进行编辑或修改，在时间轨道上的所有媒体将被渲染成最终的视频。

图 6-76

6.6.3 轨道的叠放顺序

轨道就跟 Photoshop 中的图层一样，也有层次关系。处在越上面的轨道素材离用户的视线越近，也就是说上方轨道素材一般会遮住下方轨道素材内容。

当轨道 2 在轨道 1 的上面时，轨道 2 上的媒体文件会显现在轨道 1 媒体文件上，该文件的轨道视图如图 6-77 所示，预览效果如图 6-78 所示。

图 6-77

图 6-78

6.6.4 锁定与解锁轨道

锁定轨道的作用是对当前轨道上的媒体进行删除、复制、粘贴和剪贴等操作时，能够不影响到其他轨道上的媒体文件，锁定轨道上的媒体依然能够出现在画布、预览窗口和最终生成的视频中，不影响视频最终的显示效果。

1. 锁定轨道

单击轨道左侧的锁定图标，此时锁定图标会变成蓝色。当用户单击锁定后，时间轴会变为灰色，显示为不可编辑状态，如图 6-79 所示。

图 6-79

在编辑中，除了直接单击"锁定"按钮外，还可单击鼠标右键，在弹出的快捷菜单中选择"锁定轨道"选项，如图 6-80 所示。

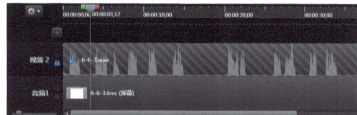

图 6-80

2. 解锁轨道

单击轨道左侧的蓝色锁图标，图标会变成灰色，并且轨道点亮，此时表明该轨道解锁，如图 6-81 所示。也可单击鼠标右键，在弹出的快捷菜单中键选择"解锁轨道"选项，如图 6-82 所示。

图 6-81

图 6-82

6.6.5　动手操作03——重命名轨道

当时间轴上的轨道过多时，为了方便用户进行查找和编辑，需要对轨道进行重命名操作。接下来详细讲解如何对时间轴上的轨道进行重命名操作。

步骤 01 选中需要重命名的轨道，单击鼠标右键，在弹出的快捷菜单中选择"重命名轨道"选项，如图6-83所示。

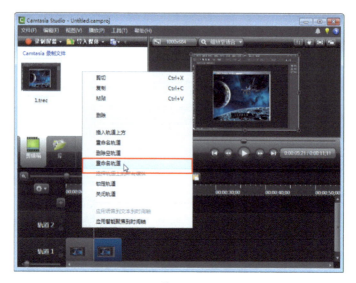

图 6-83

步骤 02 此时该轨道的名称变为可编辑的状态，如图6-84所示。在该轨道框中输入名称，完成重命名轨道的操作，如图6-85所示。

图 6-84

图 6-85

提示： 在对轨道执行重命名操作时，也可双击该轨道名称进入轨道名称的编辑状态。

6.6.6　关闭和打开轨道

执行关闭轨道操作后，该轨道上的所有媒体将不会出现在画布、预览窗口及最终的生成视频中，在关闭轨道上的所有媒体不能执行剪切、复制、删除和粘贴等操作。

1. 关闭轨道

单击轨道左侧的眼睛图标，图标变成蓝色且轨道变暗，表明该轨道处于关闭状态，如图6-86所示。也可单击鼠标右键，在弹出的快捷菜单中选择"关闭轨道"选项，如图6-87所示。

图 6-86　　　　　　　　　　　　　　　　　　　图 6-87

提示： 在生成的视频中不会包括关闭轨道上的所有媒体。

2. 打开轨道

单击轨道左边的蓝色图标。图标变成灰色，并且该轨迹高亮显示，如图6-88所示。也可单击鼠标右键，在弹出的快捷菜单中选择"打开轨道"选项，如图6-89所示。

图 6-88　　　　　　　　　　　　　　　　　　　图 6-89

6.6.7　添加和删除轨道

每条轨道上能放置多段素材，但同轨道上的多段素材不能重叠。也就是说同一时间点要显示多个画面内容，就需要用多个轨道放置素材，接下来向用户介绍轨道的添加和删除的具体操作方法。

1. 添加轨道

在编辑过程中，想要添加一个新轨道，可以直接单击"插入轨道"按钮进行添加，如图6-90 所示。或者单击鼠标右键，在弹出的快捷菜单中选择"插入轨道上方"或"插入轨道下方"选项，如图 6-91 所示。在单击"+"按钮后，会出现空轨道"轨道 3"，如图 6-92 所示。

图 6-90　　　　　　　　　　　　　　　　　　　　　图 6-91

图 6-92

> **提示**：添加轨道后，可将新媒体拖入空轨道中对其进行编辑。

2. 删除轨道

在编辑器编辑的过程中，用户可以删除不必要的空轨道，方便用户对其他轨道上的媒体进行编辑和调整。

如果用户想要删除空轨道，单击鼠标右键，在弹出的快捷菜单中选择"删除空轨道"选项，如图 6-93 所示，即可删除时间轴上的空轨道，如图 6-94 所示。

图 6-93

图 6-94

6.7 撤销和重做

在 Camtasia Studio 编辑器中进行编辑时,如果发现所做的操作不合适,想返回到前面的结果或状态时,可以通过"撤销"或"重做"功能实现。

6.7.1 撤销

"撤销"功能可以保留最近执行的操作记录,可以按照从后到前的顺序撤销若干步骤,但不能有选择地撤销不连续的操作。

打开一个视频文件,将其拖入时间轴上,如图 6-95 所示。对时间轴中的视频执行复制操作,如图 6-96 所示。

图 6-95

图 6-96

复制完成后，如果想撤销操作，可以单击窗口中的"撤销"按钮，或使用快捷键 Ctrl+Z 撤销操作，返回到原来的状态，如图 6-97 所示。

图 6-97

提示：在用户进行一次撤销操作后，继续单击"撤销"按钮，可多次进行"撤销"命令。

6.7.2　重做

执行撤销操作后，还可以将 Camtasia Studio 编辑器中的视频恢复到最新编辑的状态。当用户执行一次"撤销"操作后，可以通过执行一次"重做"操作来恢复。

用户在编辑中进行"撤销"操作，恢复原来的媒体文件，如图 6-98 所示。在此操作后用户可单击窗口中的"重做"按钮，或按下快捷键 Ctrl+Y 执行重做操作，时间轴上的视频文件如图 6-99 所示。

图 6-98

图 6-99

6.8　本章小结

　　本章主要对 Camtasia Studio 项目文件、Camtasia Studio 编辑器、剪辑箱的使用、轨道的管理、时间轴的操作，以及视频文件的基本操作进行简单的介绍，希望通过本章的学习，能够在制作微课和慕课的过程中为用户提供一定的帮助。只有熟练使用 Camtasia Studio 软件，才能够制作出更加完美的微课和慕课视频。

6.9　课后练习

　　通过本章的学习，相信用户已经对 Camtasia Studio 有了简单的了解和认识，接下来通过实际的课后练习，向用户介绍如何为视频制作片头。

步骤 01 打开 Camtasia Studio 编辑器，如图 6-100 所示。执行"文件 > 导入媒体"命令，将如图 6-101 所示的相应素材导入剪辑箱中。

图 6-100　　　　　　　　　　　　　　　　　　图 6-101

提示：用户也可直接单击"导入媒体"按钮，导入相应的媒体文件。

步骤 02 将剪辑箱中的视频文件拖入时间轴上，如图 6-102 所示。单击"新建"按钮，选择"库"选项卡，选中相应的媒体文件，如图 6-103 所示。将其拖入时间轴上，如图 6-104 所示。

图 6-102

图 6-103　　　　　　　　　　　　　　　　　　　　图 6-104

步骤 03 将轨道 1 和轨道 2 上的媒体选中，单击鼠标右键，在弹出的快捷菜单中选择"组"选项，将其变为一组，如图 6-105 所示。时间轴面板如图 6-106 所示。

图 6-105

图 6-106

步骤 04 拖动时间轴上的媒体文件，将其往后移动，如图 6-107 所示。选择"库"选项卡，选中相应的媒体文件，如图 6-108 所示。将其拖入相应的位置上，如图 6-109 所示。

图 6-107

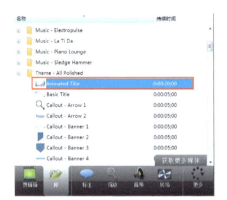

图 6-108	图 6-109

步骤 05 单击"打开或关闭组"按钮，如图 6-110 所示。双击"Text1"，进入文字的编辑状态，如图 6-111 所示。

图 6-110	图 6-111

步骤 06 在文本框中输入相应的文字，如图 6-112 所示。在预览窗口中可以看到页面效果，如图 6-113 所示。

图 6-112	图 6-113

步骤07 选择"库"选项卡，执行"文件＞导入媒体"命令，将如图 6-114 所示的相应素材导入剪辑箱中。将剪辑箱中的图像文件拖入时间轴上，如图 6-115 所示。

图 6-114 図 6-115

步骤08 在预览窗口中，调整 logo 位置，按住 Shift 键将其缩小，如图 6-116 所示。在时间轴上拖动图像媒体的时间长度，让它与片头视频对齐，如图 6-117 所示。

图 6-116 図 6-117

步骤09 执行"文件＞保存项目"命令，如图 6-118 所示。输入相应的文件名称，单击"保存"按钮，完成视频片头的制作，如图 6-119 所示。

图 6-118 図 6-119

07
Chapter

使用Camtasia Studio 添加特效

Camtasia Studio除了可以剪切视频以外，还具备添加特效的功能。视频特效是指对已经录制好的视频进行编辑和美化，根据微课和慕课内容的需要，进行适当的调整，例如为视频添加标注、语音旁白、转场和光标效果等，从而使做出的视频质量更高、内容更加丰富。

7.1 标注的使用

在视频中添加标注，主要是为了能够突出视频重点，吸引观众的注意力。例如教学过程中的学习重点，可以通过添加注释文字或图形来强调。

7.1.1 标注选项卡

标注功能有助于展示微课和慕课的教学内容，在需要的地方予以重点展示和标记，提示学习者这里是需要关注的地方。

> 提示：在使用标注前，先确定要添加标注的位置。用时间轴的播放头或者预览视频框的控制条来选择标注的位置。

单击"标注"按钮，弹出"标注"面板，如图 7-1 所示。在面板中选择标注形状和类型，单击右侧最下方的三角可以查看全部标注，如图 7-2 所示。

　　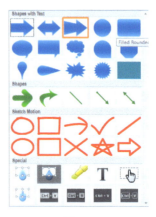

图 7-1　　　　　　　　　　　图 7-2

➤ 添加标注：单击该按钮，将会在播放头的位置添加一个新的标注到时间轴。此时标注会出现在视频预览和时间轴上，如图 7-3 所示。

图 7-3

➢ 形状：通过边框（Border）、填充（Fill）和效果（Effects）按钮改变标注的整体效果，用户可根据需要进行调整。当对标注进行调整后，这些变化会显示在预览窗口中，如图 7-4 所示。

图 7-4

● 单击"Border"按钮，弹出边框颜色调色板，可以为边框设置样式，如图 7-5 所示。
● 单击"Fill"按钮，弹出填充颜色调色板，可以为填充设置样式。

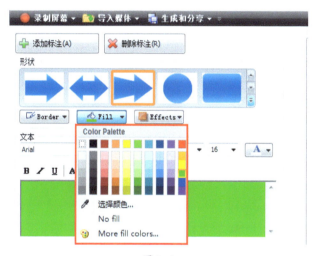

图 7-5

● 单击"Effects"按钮，弹出的下拉列表，选择"样式"选项，可以为标注设置更多的效果，如图 7-6 所示。

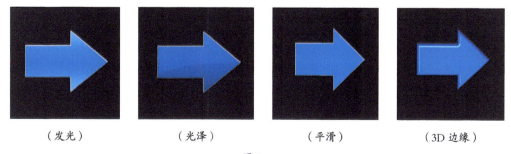

（发光） （光泽） （平滑） （3D 边缘）

图 7-6

➢ 文本：为标注添加文本，从而设置文本样式。例如为文本添加加粗、倾斜、下画线效果，设置文本格式等。

> 淡入 / 淡出：设置淡入 / 淡出效果的持续时间。当为标注添加淡入 / 淡出属性时，时间轴上的标注效果如图 7-7 所示。

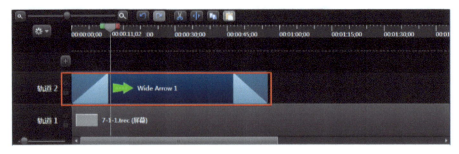

图 7-7

> 设为热点：选择"设为"热点选项，为一个标注添加交互性。
> 热点属性：单击"热点属性"按钮，弹出"热点属性"对话框，如图 7-8 所示。
> 文本框：单击"文本框"按钮，弹出"Callout Text Box"对话框，可设置文本框在标注中的位置，如图 7-9 所示。

图 7-8

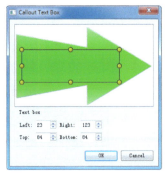

图 7-9

> 在结束标注暂停：当视频暂停时，弹出这种标注。
> 点击继续：观看者必须选中该单击按钮才能继续观看视频。
> 转到时间帧：视频跳转到一个特定的帧，在输入框中输入跳转的时间。
> 转到标记：视频跳转到该视频中的一个标记，可以从下拉列表中选择跳转标记。
> 跳转到 URL(J)：在新的浏览器窗口中启用打开的网址，打开一个单独窗口中的网页。
> 不透明文本：当标注文字为纯色时，可设置为不透明度文本。

7.1.2　添加和删除标注

　　标注是为了吸引观众的注意的。在标注添加完成后，可以对标注进行一些属性设置，例如设置标注的边框颜色、填充颜色、文本和淡入淡出等效果。接下来通过详细的操作步骤讲解如何添加标注。

　　将剪辑箱中的视频素材拖入时间轴中，将播放头调整到需要添加标注的位置上，如图 7-10 所示。单击"标注"按钮，弹出"标注"面板，单击右侧最下方的三角按钮，选择相应的标注形状，如图 7-11 所示。

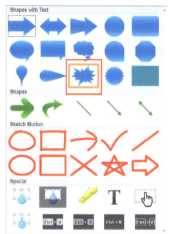

图 7-10   图 7-11

    此时添加的标注就会出现在预览窗口中，选中该标注，按住 Shift 键对形状进行放大，如图 7-12 所示。单击"填充"按钮，修改形状的填充颜色，窗口中的形状预览效果如图 7-13 所示。

图 7-12   图 7-13

> 提示：在制作过程中用户要根据微课和慕课媒体的颜色修改标注的颜色，整体色彩搭配协调，从而达到良好的视觉效果。

    用户需要删除标注时，可以先选中想要删除的标记，然后单击"标注"选项卡中的"删除标注"按钮，将标注删除。

7.1.3   标注的种类

    Camtasia Studio 中标注的种类有很多，常见的标注类型有素描运动标注、突出标注、热点标注、像素化标注、聚光灯标注、文本标注和按键标注等。

    根据用途可将标注分为文本型标注、静态单一型标注、动态绘制轮廓型标注和特殊型标注四大类。用户可根据自己的需要选择不同的标注，接下来就分别对不同种类的标注进行简单的介绍。

> 提示：任何种类的标注与形状标注的设置方法相同，都可对边框和效果等属性进行设置。

1. 文本型标注

如果想要在视频画面上加入带文字的箭头、圆形、矩形、对话气泡或其他图案，那就选用文本型标注。它最大的优势就是可以像文本框一样使用。只有文本型标注才能在视频中添加文本，视频效果如图 7-14 所示。

图 7-14

2. 静态单一型标注

这类标注仅仅提供静态的箭头线条等，效果比较单一，如图 7-15 所示为添加静态单一型标注的视频效果。

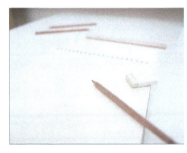

图 7-15

3. 动态绘制轮廓型标注

这类标注包括圆形、矩形的轮廓线和对勾等内容。通常都自带动画效果，能够模拟图形的绘制效果。如图 7-16 所示为动态绘制轮廓型标注的视频效果。

图 7-16

4.特殊型标注

特殊型标注包括模糊、聚光灯、高亮、文本、热点、马赛克和快捷键等，能使视频实现一些特殊的效果。

➢ 高亮标注：在视频需要突出显示的地方添加高亮标注，如图 7-17 所示为添加高亮标注的视频效果。

图 7-17

➢ 像素化标注：用来添加模糊或像素化标注，用来保护用户的隐私。例如电子邮件地址、登录信息、电话号码、个人信息和信用卡号码等，如图 7-18 所示为添加像素化标注的效果。

（模糊标注）　　　　　　　　　　　（像素化标注）

图 7-18

➢ 聚光灯下的标注：通过添加光的区域，用来显示屏幕中的重点内容，如图 7-19 所示。

图 7-19

➢ 按键标注：使用按键标注可以随时显示视频中的键盘活动。例如，当用户按下快捷键 Ctrl + C 时，当前视频中同时显示该快捷键，如图 7-20 所示。

图 7-20

7.1.4 动手操作01——移动标注

步骤 01 按照之前的制作方法给视频添加好标注，在"视频预览"中双击该标注，进入文本编辑状态，在文本框中输入文字，并设置文本属性，如图 7-21 所示。

图 7-21

提示：在添加标注的过程中，字体的选择也是非常重要的，要根据微课和慕课的课题来选择字体的样式，这样才能吸引观看者的注意，达到良好的教学目的。

步骤 02 视频预览效果如图 7-22 所示。在属性栏中设置"淡入/淡出"属性，如图 7-23 所示，效果如图 7-24 所示。

图 7-22　　　　　　　　　　　　　　图 7-23

图 7-24

步骤 03 为视频媒体添加标注后，可对标注进行移动操作。移动标注共分为两种，一种是移动标注弹出的时间，另一种是移动标注的位置，如图 7-25 所示。在时间轴上选中需要移动的标注，单击并拖动到新的位置即可完成移动标注时间的操作，如图 7-26 所示。

图 7-25

图 7-26

> **提示：** 当标注添加完成后，选中时间轴中的标注，按快捷键Ctrl+C可对该标注执行复制命令，将播放头移动到需要粘贴的位置，按快捷键Ctrl+V可执行粘贴标注的操作。

步骤 04 在预览窗口中选中标注，如图 7-27 所示。单击并拖动到新的位置，如图 7-28 所示，即可完成标注的移动操作。

图 7-27

图 7-28

步骤 05 完成标注的添加和移动，单击"播放"按钮，在预览窗口中查看视频效果，如图 7-29 所示。

图 7-29

7.1.5　旋转标注

在预览窗口中，按下鼠标左键并向左或向右拖动标注中心手柄，即可完成标注旋转操作，效果如图 7-30 所示。

图 7-30

7.1.6　调整标注大小

用户可以根据制作需求调整标注的尺寸。选中该标注，按下鼠标左键拖动手柄到任意方向，即可放大和缩小标注，如图 7-31 所示。

图 7-31

> 提示：在调整标注大小时，可按住Shift键等比例对标注进行放大和缩小。

7.2　缩放的使用

在制作微课和慕课时，有时需要放大或缩小视频中的局部内容，以便于观察视频中操作的细节部分。在 Camtasia Studio 中可以通过缩放工具实现这种效果。

7.2.1　缩放视频

给视频添加一个缩放效果，相当于为视频添加一个醒目的提示，告诉学习者所观看的地方为重要部分。在 Camtasia Studio 编辑器中，单击"缩放"选项卡，即可设置缩放视频效果，如图 7-32 所示。

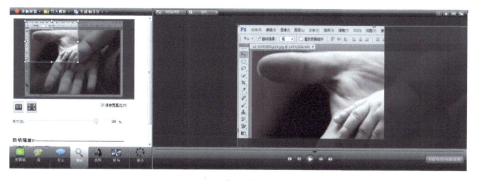

图 7-32

> 缩放矩形：预览窗口中的矩形表示视频中的缩放动画的位置。
> 保持宽高比：缩放尺寸与原来录制尺寸保持相同的宽高比。
> 尺度大小 ▦：单击以设置媒体最好的质量，恢复媒体到 100% 规模。
> 媒体缩放以适应整个画布 ◪：单击该按钮，以清除缩放动画，并将媒体返回到全屏尺寸。
> 尺寸：通过拖动标尺滑块，可以改变缩放比例。
> 自动缩放：自动添加缩放动画的效果。当时间轴上的媒体已经应用缩放效果，在勾选"应用自动缩放到选定剪辑"复选框时，会提示用户合并或清除现有的动画，如图 7-33 所示。

图 7-33

提示：TechSmith 的智能聚焦技术将会跟踪行动发生在用户的记录中，然后自动添加缩放和平移的动画到视频效果中。

7.2.2 动手操作02——添加缩放

了解了缩放操作的基本知识后，接下来通过实际的操作展示如何为视频添加缩放动画。

步骤 01 打开 Camtasia Studio 编辑器，执行"文件 > 导入媒体"命令，将如图 7-34 所示的媒体文件导入剪辑箱中。将需要添加缩放的视频拖入时间轴中，将播放头移动到添加缩放的位置上，如图 7-35 所示。

图 7-34

图 7-35

步骤 02 单击"缩放"选项卡,移动和调整缩放矩形以获得所需的变焦效果,如图 7-36 所示。缩放动画将自动添加到时间轴上,如图 7-37 所示。

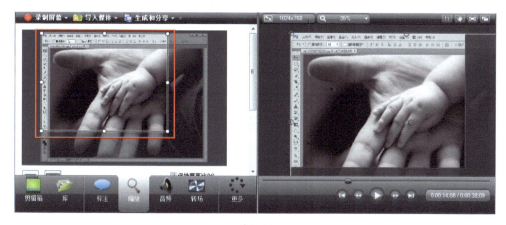

图 7-36

图 7-37

步骤 03 将播放头移动到需要取消缩放的位置上,单击"媒体缩放以适应整个画布"按钮,缩放将自动恢复到原来的界面尺寸,如图 7-38 所示。同时缩放动画将自动添加到时间轴上,如图 7-39 所示。

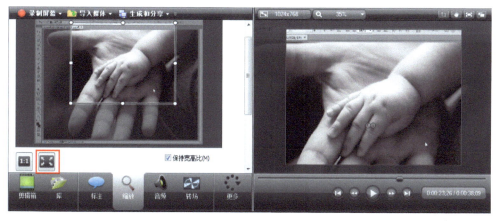

图 7-38

图 7-39

7.2.3 调整缩放时间

缩放动画的时间长度决定了该动画需要多长时间来显示放大和缩小效果。选择需要缩放的动画，拖动时间轴上视频的起点或终点可以改变视频的持续时间，如图 7-40 所示。

图 7-40

提示： 用户也可通过执行"工具>选项"命令，在弹出的对话框中通过"默认动画缓和"选项设置动画的持续时间。

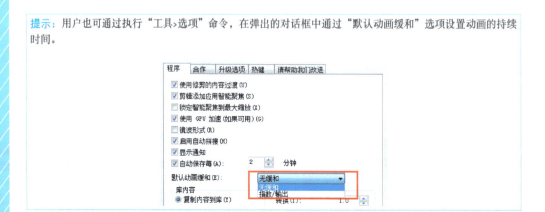

7.2.4 删除缩放

如果用户想要删除缩放效果，可以首先在时间轴上单击选择要删除的缩放动画。选中后，缩放动画变为黄色，如图 7-41 所示。单击鼠标右键，在弹出的快捷菜单中选择"删除"选项或按 Delete 键，即可完成删除缩放的操作，如图 7-42 所示。

图 7-41

图 7-42

7.3　语音旁白的使用

　　在微课录制过程中，为了降低录制难度，减少口误，可以先录制视频，然后再通过"语音旁白"选项为视频配音，如图 7-43 所示。在录制语音旁白时，时间轴上的视频剪辑在预览窗口中播放。Camtasia Studio 能够同步将声音媒体显示在时间轴的轨道上。

图 7-43

单击"音频设置向导"按钮，弹出"音频设置向导"对话框，如图 7-44 所示。在对话框中可以详细设置录制音频的各项参数。选择音频输入设备和输入源后，向导会自动调整所选输入源的音量级别。

　　单击"下一步"按钮，弹出"调整音量输入级别"选项。此选项够自动调整基于 1~3 秒记录的音量水平，如图 7-45 所示。

图 7-44

图 7-45

> **提示：** 单击"自动调节音量"按钮，开始发言3秒倒计时弹出。当状态更改时，在记录过程中朗读对话框中的句子。实验完毕后，单击"完成"按钮，音量将自动完成调整。

7.4　转场的使用

　　为了使两个视频文件的衔接处不那么过渡生硬，Camtasia Studio 为用户提供了多种转场特效。视频段落与视频段落、场景与场景之间的过渡或转换，就叫作转场。单击"转场"选项卡，"转场"面板如图 7-46 所示。

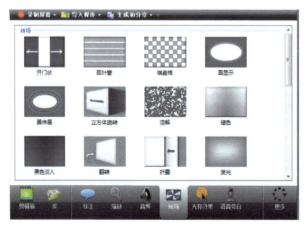
图 7-46

7.4.1 动手操作03——添加转场

Camtasia Studio 中的转场与 PowerPoint 幻灯片的切换效果一样，都是让两段素材（视频段落或场景）之间有一个缓和的过渡。尤其是在画面差别较大的素材中，如果没有转场效果，切换会很生硬。接下来向用户展示如何为视频片段添加转场。

步骤 01 在 camtasia studio 中打开一个媒体文件，如图 7-47 所示。将媒体文件拖入时间轴中，如图 7-48 所示。

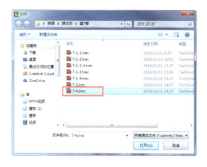

图 7-47   图 7-48

步骤 02 把播放头移动到需要添加转场效果的位置，单击"分割"按钮，如图 7-49 所示。在时间轴中选择需要添加转场的媒体文件，如图 7-50 所示。

提示：当要给一段连续的媒体素材中间添加转场时，需要先将素材分割成两部分。

图 7-49

图 7-50

提示：移动时间线指针到分割点。要精准找到分割点，可以结合Ctrl+鼠标滚轮放大缩小时间线轨道，先大体定位到需要分割的点前后，然后使用键盘上的左右键一个画面一个画面地前后移动（键盘左右键每按一次时间线指针移动一帧，也就是一个画面），直到找到分割点为止。

步骤 03 选择"转场"选项卡，单击"条状"按钮，如图 7-51 所示。在条状效果上双击，在右边的演示窗口可以预览效果，如图 7-52 所示。

图 7-51   图 7-52

步骤 04 在选中的效果上单击鼠标右键，在弹出的快捷菜单中选择"添加到所选媒体"选项，如图 7-53 所示，即可把这种效果添加到选中的视频轨道，如图 7-54 所示。

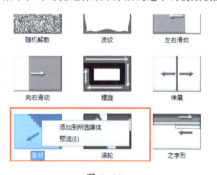

图 7-53   图 7-54

提示：用户可以将选中的效果直接拖曳到时间轴的视频上，为其添加专场效果。

步骤 05 单击"新建轨道"按钮，如图 7-55 所示。将前半部分视频拖入新轨道中，调整轨道上视频的位置，如图 7-56 所示。

图 7-55

图 7-56

> 提示：添加完转场效果后，视频仅仅只有转场效果，但各部分视频并不衔接，这时用户就可根据需要对各部分视频片段进行拼接，这样才能使添加的转场达到应用的效果。

步骤 06 此时转场效果就已经添加成功了，单击"播放"按钮，在预览窗口中查看转场效果，如图 7-57 所示。

图 7-57

7.4.2 替换转场

当用户需要使用另一个转场来替换已经添加的转场效果时，可以先选中时间轴上需要替换的转场，然后拖动新的转场效果到想要替换的转场上，转场效果颜色变为粉红色，如图 7-58 所示。释放鼠标，即可完成转场的替换，如图 7-59 所示。

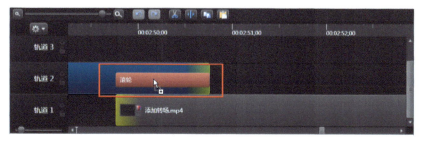

图 7-58

图 7-59

7.4.3 删除转场

对转场添加完成后，如果用户不想使用该转场了，就可对转场执行删除操作。在时间轴上选中需要删除的转场效果，选中的转场效果呈绿色，如图 7-60 所示。然后按 Delete 键即可将该转场效果删除，删除效果如图 7-61 所示。

图 7-60

图 7-61

提示：也可单击鼠标右键，在弹出的快捷菜单中选择"删除转场"选项，完成删除转场的操作。

7.5 光标效果的使用

在微课和慕课的制作过程中，用户可根据需要将光标修改为特殊的效果。特殊的光标效果除了可以美化视频效果外，还可以起到提醒学员注意，突出重点的作用。

7.5.1　光标选项卡

在 Camtasia Studio 编辑器中，选择"光标效果"选项卡，"光标效果"面板如图 7-62 所示。用户可以在该面板中对视频光标的大小、颜色和单击效果进行设置。同时可以为光标添加动画效果，丰富视频效果。

图 7-62

➢ 鼠标光标可见：勾选该复选框，光标从视图窗口中显现；取消勾选，光标从视图窗口中隐藏，如图 7-63 所示。

➢ 光标大小：滑动该滑块可改变光标的显示大小。该值越大，光标显示效果就越大，如图 7-64 所示。

（光标值为 1）　　　　（光标值为 5）

图 7-63　　　　　　　　　　　　　　　　　图 7-64

提示：用户可单击 ⟳ 按钮，恢复光标效果的默认设置。

➢ 高亮效果：在"高亮效果"下拉菜单中包括无、高亮、聚光灯和放大镜 4 种效果，如图 7-65 所示。

（无）　　　　　　（高亮）　　　　　　（聚光灯）　　　　　　（放大镜）

图 7-65

> 左键 / 右键单击效果：用来设置视频中鼠标左键和右键单击时弹出的效果，在其下拉菜单中包括无、圆、凹陷和水波 4 种效果，如图 7-66 所示。

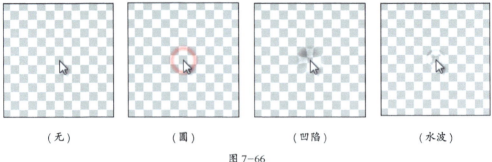

（无）　　　　　　　（圆）　　　　　　　（凹陷）　　　　　　　（水波）

图 7-66

提示：在默认情况下，鼠标的左键和右键的单击效果相同。唯一不同的一点是，当光标效果为"圆"时，使用左键单击页面时，圆会以红色圆圈展示；使用右键单击页面时，圆会以蓝色圆圈展示。

> 光标属性：每种光标效果都有自己的属性，包括颜色、时间和大小等。
> 预览窗口：当为光标添加效果时，预览窗口将被更新。如果查看动画效果，可用鼠标单击预览窗口。
> 单击声音效果：为鼠标单击添加声音，可通过滑块控制音量的高低。

7.5.2　动手操作04——添加光标动画

步骤 01 执行"文件>打开项目"命令，选中如图 7-67 所示的文件，打开相应的项目文件，如图 7-68 所示。

图 7-67　　　　　　　　　　　　　　　　　　　图 7-68

步骤 02 将时间轴上的媒体文件选中，选中的媒体将会呈现蓝色，将播放头移动到需要添加光标动画的位置上，如图 7-69 所示。打开"光标效果"选项，单击"添加动画"按钮，如图 7-70 所示。

步骤 03 在"光标效果"选项卡中设置相应参数，此时光标效果就已经添加成功了。单击"播放"按钮，在预览窗口中查看光标效果，如图 7-71 所示。

图 7-69

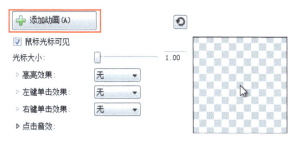

图 7-70

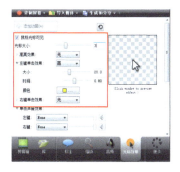

图 7-71

图 7-72

7.5.3 删除光标

要删除一个光标动画，单击时间轴轨道中视频上的光标动画，按 Delete 键即可，如图 7-73 所示。

图 7-73

提示：要删除所有的光标动画，选中一个动画，单击鼠标右键，在弹出的快捷菜单中选择"删除所有媒体光标动画"选项即可。

7.6　可视化属性的使用

通过 Camtasia Studio 的"可视化"属性能够更改可视素材的一些属性值，例如尺寸、不透明度、位置和视觉效果等。

7.6.1　可视化属性

在"可视化属性"选项卡中，允许用户为时间轴上的内容创建动画。单击"可视化属性"选项卡，"可视化属性"面板如图 7-74 所示。

图 7-74

➤ 添加动画：单击"添加动画"按钮之前，首先将播放头移动到用户想要添加动画的位置上。单击"添加动画"按钮，在播放头的位置上添加控制点，用户可以对视频执行调整大小、移动和旋转等操作，如图 7-75 所示。

图 7-75

228

- 改变动画的持续时间：要改变动画的持续时间，悬停在动画上，单击鼠标抓住较小的白色点，并向左向右拖动，即可改变动画的持续时间，如图 7-76 所示。

图 7-76

提示：单击"还原"按钮🔄，可将动画重置为默认设置。要删除改动，可在时间轴上选择动画，按Delete键将该动画删除。

➢ 尺寸：通过滑动滑块设置动画的视图缩放。当尺寸为 150% 时，预览窗口的视图效果如图 7-77 所示。

提示：如果不添加动画，在其他媒体上使用缩放选项时，在时间轴或画布上选择媒体，直接使用滑块设置所需的规模尺寸大小即可。

➢ 不透明度：通过滑动滑块设置动画视图的不透明度。当不透明度为 80% 时，预览窗口的视图效果如图 7-78 所示。

图 7-77   图 7-78

➢ 位置：调整媒体剪辑在动画中的位置，在画布上选择媒体，通过"位置"属性，将其移动到所需的位置。
  - X：调整该值，可向左或向右移动媒体。该值为负值时，媒体向左移动；该值为正值时，媒体向右移动。
  - Y：调整该值，可向上或向下移动媒体。该值为负值时，媒体向下移动；该值为正值时，媒体向上移动。
  - Z：调整该值，以媒体中心为目标向外或向内扩展收缩。该值为负值时，媒体向内收缩，如图 7-79 所示；该值为正值时，媒体向外扩张，如图 7-80 所示。

图 7-79   图 7-80

➢ 旋转：通过设置 "旋转" 属性，实现媒体动画的旋转效果。

   ● Z：调整该值，可将媒体向左或向右进行旋转。该值为负值时，媒体向右旋转，如图 7-81
      所示；该值为正值时，媒体向左旋转，如图 7-82 所示。

图 7-81   图 7-82

> 提示：不添加动画也可对媒体进行旋转设置，在时间轴上选择媒体，可直接拖动预览窗口中媒体的手柄来完成旋转动作。

   ● Y：调整该值，可将媒体向左或向右进行三维旋转。该值为负值时，媒体向左进行三维旋转，
      如图 7-83 所示；该值为正值时，媒体向右进行三维旋转，如图 7-84 所示。

图 7-83   图 7-84

   ● X：调整该值，可将媒体向上或向下进行三维旋转。该值为负值时，媒体向上进行三维旋转，
      如图 7-85 所示；该值为正值时，媒体向下进行三维旋转，如图 7-86 所示。

图 7-85　　　　　　　　　　　　　图 7-86

提示：在预览窗口中，按下Ctrl+Shift快捷键直接使用鼠标拖动媒体文件，可完成三维旋转的操作。

➢ 阴影：添加一个阴影到选定的媒体上，适用于视频、图像和标注。勾选"阴影"复选框并设置各项参数，如图 7-87 所示，图像效果如图 7-88 所示。

图 7-87　　　　　　　　　　　　　图 7-88

➢ 单色：为时间轴上选定的媒体添加颜色。勾选"单色"复选框并拖动数量滑块来调整效果，如图 7-89 所示，图像效果如图 7-90 所示。

图 7-89　　　　　　　　　　　　　图 7-90

➢ 边界：为时间轴上选定的媒体添加一个简单的边框。勾选"边界"复选框并设置相应参数，如图 7-91 所示，图像效果如图 7-92 所示。

图 7-91　　　　　　　　　　　　图 7-92

➢ 清除一个颜色：删除一个颜色特征，也被称为"绿屏抠图"，允许从视频或图像中删除一种
选定的颜色。勾选"清除一个颜色"复选框并设置相应参数，如图 7-93 所示，图像效果如图 7-94
所示。

> 提示：通常情况下，这种技术用来去除视频或图像后面的一个颜色背景，以允许另一个图像或视频显示
> 通过。

图 7-93　　　　　　　　　　　　图 7-94

> 提示：为了使要删除的颜色更加准确，可单击"颜色"按钮，选择"选择颜色"选项，在预览窗口中吸取需要
> 删除的颜色值。

7.6.2　动手操作05——抠像效果

在制作合成视频效果时，可以通过对媒体文件进行"清除一个颜色"的设置，完成抠像
的效果，接下来介绍具体的操作过程。

步骤 01 执行"文件 > 导入媒体"命令，选择一个输出文件，如图 7-95 所示。将媒体文件拖入时间轴中，
如图 7-96 所示。

图 7-95　　　　　　　　　　　　　　　　图 7-96

步骤 02 使用相同的方法，将另一个人物的媒体文件拖入时间轴中，如图 7-97 所示。选择"可视化属性"选项卡，设置相应参数，如图 7-98 所示。

图 7-97　　　　　　　　　　　　　　　　图 7-98

步骤 03 勾选"清除一个颜色"复选框，单击"颜色"按钮，执行"选择颜色"命令，如图 7-99 所示。在预览窗口中吸取需要清除的颜色位置，预览窗口中的图像效果如图 7-100 所示。

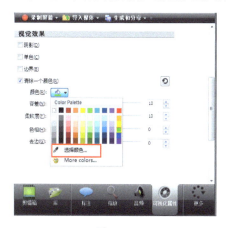

图 7-99　　　　　　　　　　　　　　　　图 7-100

步骤 04 继续在"可视化属性"选项卡中设置相应参数，如图 7-101 所示。预览窗口中的图像效果如图 7-102

所示。

图 7-101

图 7-102

步骤 05 调整时间轴中图像的持续时间，如图 7-103 所示。完成"绿幕抠像"的操作，单击"播放"按钮，查看视频效果，如图 7-104 所示。

图 7-103

图 7-104

7.7 字幕的使用

将视频上传到网络后，微课和慕课面向的对象就是全国各地所有观看视频的观众。每个地方方言不一样，加上讲课者的普通话标准程度也不相同，所以给微课和慕课视频添加字幕就变得很有必要。

Camtasia Studio为用户提供了添加字幕的功能,单击"字幕"选项卡,"字幕"面板如图7-105所示。

图 7-105

7.7.1 动手操作06——添加字幕

字幕的添加可以更好地向浏览者传达视频内容,便于学习。接下来通过一个案例讲解添加字幕的方法。

步骤 01 首先创建一个 txt 文件,输入文本内容,保证一句一行。执行"文件 > 打开项目"命令,打开相应的媒体文件,如图 7-106 所示。

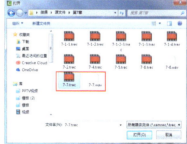

图 7-106

步骤 02 将播放头拖动到需要添加字幕的视频进度上，如图 7-107 所示。在如图 7-108 所示的区域通过复制 txt 文本中的字幕输入字幕，设置文本样式，如图 7-109 所示。

图 7-107

图 7-108

图 7-109

> **提示：** 在字体格式中，用户可根据自己的需要对字幕的字体、字号、颜色、背景透明度进行设置。当对字幕属性进行修改后，单击"ADA标准"按钮，将会返回到字幕文本的默认值。

步骤 03 使用相同的方法完成其他字幕的添加，如图 7-110 所示。在预览窗口中查看页面效果，如图 7-111 所示。

图 7-110

图 7-111

7.7.2　动手操作07——同步字幕

添加完成字幕后，为了使字幕和音频能够同步，就需要对字幕进行同步操作。接下来向用户展示如何完成同步字幕的操作。

步骤 01 继续上一个操作，单击"同步字幕"按钮，如图 7-112 所示。在弹出的"同步字幕"对话框中单击"继续"按钮，如图 7-113 所示。

图 7-112   图 7-113

步骤 02 一边听一边单击鼠标左键，注意音频与视频保持一致，如图 7-114 所示。完成后，单击如图 7-115 所示的按钮，完成同步字幕的操作。

图 7-114   图 7-115

提示：要将一句字幕与音频对应起来，只需要单击一下这句字幕的首字即可。

7.7.3 导出字幕

单击"字幕"选项卡中的"导出字幕"按钮，如图 7-116 所示，弹出"导出标题到文件"对话框，可将字幕文件单独导出，如图 7-117 所示。

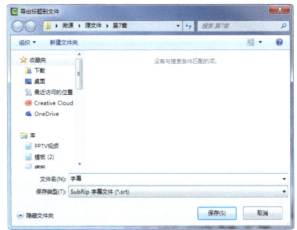

图 7-116   图 7-117

导出字幕的格式包括 SMI 和 SRT，不同的情况下可以选择不同的字幕文件，如图 7-118 所示为两种格式的图标。

图 7-118

➢ SMI：SMI 格式的字幕是微软的 Windows Media Player 专用的字幕。默认情况下，把 MP3 文件和同名的 SMI 字幕文件放在同一级文件夹中，在使用 Windows Media Player 播放 MP3 文件时就能够显示字幕了。

➢ SRT：SRT 是 DVDRIP 文本格式字幕文件。由于是文本格式，因此内存较小，一般只有几百 KB。

提示：其实SRT文件是文本类型的文件，这意味着可以通过记事本等文本编辑器来打开它，例如记事本和word 等文本编辑器等。SRT格式的文件是作为视频播放器调用的字幕文件，那才是它存在的目的。

7.7.4 删除字幕和更改标题持续时间

同步字幕不能单独删除，而且只能删除字幕内容，并且不能删除字幕所占用的时间。在字幕上单击鼠标右键，在弹出的快捷菜单中选择"删除标题文本"选项，如图 7-119 所示。

在添加一个标题字幕时，标题的默认持续时间为 4 秒。用户可执行"工具 > 选项"命令，弹出的"选项"对话框中的"标题"菜单可修改添加标题的默认时间，如图 7-120 所示。

图 7-119

图 7-120

7.7.5　隐藏字幕

在视频的生成过程中，可以对已经编辑好的字幕进行隐藏，这样不用删除字幕标题，只是隐藏了字幕标题在最终视频中的显示效果。

执行"生成和分享"命令，如图 7-121 所示，弹出"生成向导"对话框，从"自定义生成设置"下拉菜单中选择自定义生成设置选项，如图 7-122 所示。

图 7-121

图 7-122

单击"下一步"按钮，选择 MP4 Flash 和 HTML5 播放器选项，如图 7-123 所示。继续单击"下一步"按钮，单击"选项"选项卡。确保字幕选项未选中，如图 7-124 所示。继续完成下面的操作，这样在生成的视频中字幕就不会显示了。

图 7-123   图 7-124

提示：关于视频的生成设置，在本书第8章中会对该部分内容进行详细的讲解。

7.8 测验的使用

好的微课和慕课不仅要高效简洁地将知识信息呈现和传递给学生，还要有好的交互和反馈，让观看的学生能够主动地去记忆及思考。

提示：如果在视频中对关键的知识点设置一些小问题，可以加强学生的注意力，同时也能够检验学生的学习效果，有效地促进学生的学习。如果学生回答不出来，他们会通过反复观看来寻求答案，这样学生的学习就会更加有效。

7.8.1 动手操作08——添加测验问题

步骤 01 打开 camtasia studio 编辑器，执行"文件 > 导入媒体"命令，选中如图 7-125 所示的媒体文件将其打开，如图 7-126 所示。

图 7-125   图 7-126

步骤 02 将时间轴上的播放头移到需要设置问题的帧上，如图 7-127 所示。单击"更多"按钮，选择"测验"选项卡，单击"添加测验"按钮，如图 7-128 所示。

图 7-127　　　　　　　　　　　　　　　　图 7-128

步骤 03 在"测验"选项卡中，添加问题内容，如图 7-129 所示。时间轴设置问题的帧上就弹出"思考"标记，在预览窗口中也弹出问题画面，如图 7-130 所示。

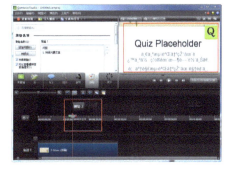

图 7-129　　　　　　　　　　　　　　　　图 7-130

步骤 04 在"测验"选项卡中单击"预览"按钮，如图 7-131 所示，即可在浏览器中预览添加的问题样式。当学生输入答案后，就可单击"Submit Answers"按钮提交答案，如图 7-132 所示。

图 7-131　　　　　　　　　　　　　　　　图 7-132

7.8.2　时间轴上的测验

当为媒体添加测验后，测验可以在时间轴上显示，并且固定在媒体上的时间轴上，如图7-133 所示。

图 7-133

> 黄色：当选择该测验时，它用蓝色框显示，而测验指标是用黄色显示的。
> 紫色：当鼠标悬停在该测验时，用紫色显示。单击紫色指示器，该测验就会被锁定在媒体上，此时拖动鼠标可改变该测验上的开始位置。
> 红色：将鼠标光标悬停在时间线顶部的时间刻度上时，会弹出一个红色的指示器，该指示器将改变位置和颜色。与紫色指示器不同的是，没有被锁定在媒体上，只是时间线上的一个测验。

7.8.3　测验问题的类型

在答题类型中，共包括简答题、多项选择、在空白填充和真 / 假 4 种类型，用户可根据自己的需要自行选择问题类型。

> 多项选择：要求观看者从提供的答案列表中选择一个答案。在浏览器中预览效果，如图 7-134 所示。

图 7-134

> 在空白填充：需要观看者在一个问题后的空白处进行简单的填空。在浏览器中预览效果，如图 7-135 所示。

图 7-135

➤ 简答题：需要观看者根据问题输入一个简短的答案。在浏览器中预览效果，如图 7-136 所示。

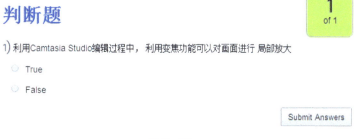

图 7-136

➤ 真 / 假：需要观看者根据问题判断该语句的表述是对还是错。在浏览器中预览效果，如图 7-137 所示。

判断题

1) 利用Camtasia Studio编辑过程中，利用变焦功能可以对画面进行 局部放大

　○ True

　○ False

Submit Answers

图 7-137

7.9 本章小结

　　Camtasia Studio 是制作微课和慕课的首选工具软件，它拥有强大的微视频录制和编辑功能。本章主要向用户介绍了在视频中添加特效，通过对视频效果的添加，使得视频更受广大学生的喜爱。

7.10 课后练习

通过本章的学习，相信用户已经对视频效果的添加有了一定的认识和了解，接下来通过实际的动手练习展示为视频添加效果的过程。

步骤 01 执行"文件 > 打开项目"命令，选择如图 7-138 所示的文件，打开相应的项目文件，如图 7-139 所示。

图 7-138　　　　　　　　　　　　　　　　图 7-139

步骤 02 选中时间轴上的媒体文件，如图 7-140 所示。单击"光标效果"选项卡，设置相应参数，如图 7-141 所示。

图 7-140　　　　　　　　　　　　　　　　图 7-141

步骤 03 将播放头调整到需要添加标注的位置上，如图 7-142 所示。单击"标注"选项卡，弹出"标注"面板，如图 7-143 所示。

图 7-142

图 7-143

步骤 04 单击右侧最下方的三角按钮，选择相应的标注形状，如图 7-144 所示。此时添加的标注就会出现在预览窗口中，如图 7-145 所示。

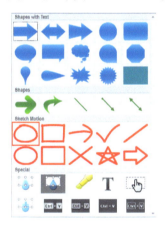

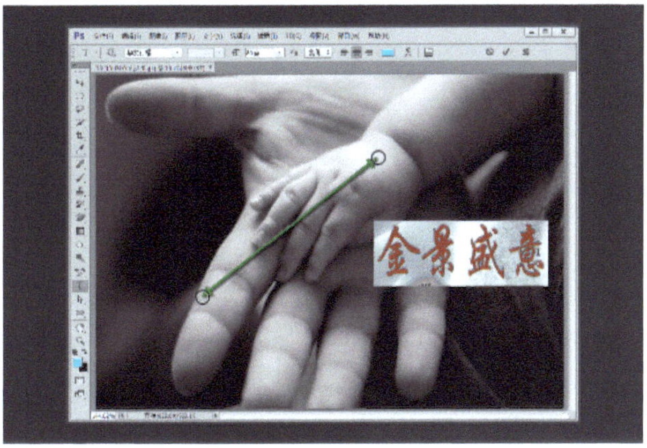

图 7-144

图 7-145

步骤 05 选中该标注，调整标注位置，如图 7-146 所示。在"标注"选项卡中设置相应属性，如图 7-147 所示。

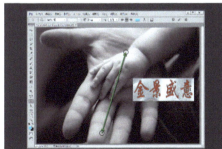

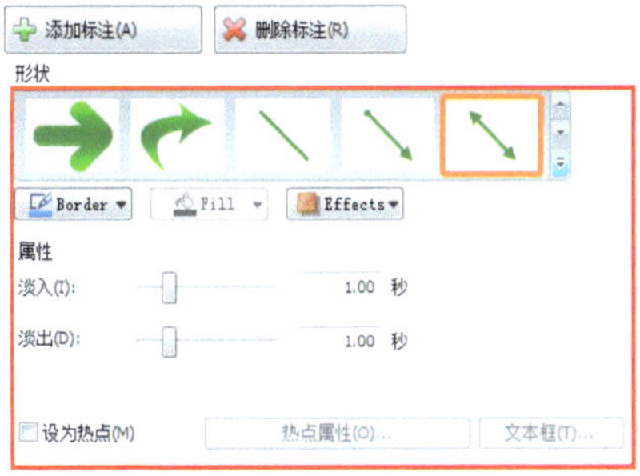

图 7-146

图 7-147

步骤 06 单击"缩放"选项卡，弹出"缩放"面板，如图 7-148 所示。将播放头调整到需要添加标注的位置上，如图 7-149 所示。

图 7-148　　　　　　　　　　　　　　　　图 7-149

步骤 07 单击"缩放"选项卡，弹出"缩放"面板，如图 7-150 所示。将播放头调整到需要添加标注的位置上，如图 7-151 所示。

图 7-150　　　　　　　　　　　　　　　　图 7-151

步骤 08 在"缩放"选项卡中，调整聚焦的尺寸和位置，如图 7-152 所示。继续调整播放头的位置，如图 7-153 所示。

图 7-152　　　　　　　　　　　　　　　　图 7-153

步骤 09 在"缩放"选项卡中，单击"媒体缩放以适应整个画布"按钮，恢复聚焦的尺寸，如图 7-154 所示。预览窗口如图 7-155 所示。

步骤 10 执行"文件 > 项目另存为"命令，保存项目。单击"播放"按钮，视频效果如图 7-156 所示。

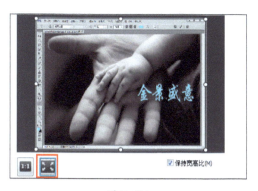

图 7-154

图 7-155

图 7-156

08

Chapter

视频的生成和分享

在Camtasia Studio编辑器中生成和分享是不可缺少的一个步骤，把录制的媒体进行编辑后生成为视频，也可在编辑后进行分享。Camtasia Studio在生成时输出的文件格式很多，常用的有AVI及GIF格式，还可输出为MP4、WMV及MOV格式等。接下来会通过知识点和步骤讲解如何生成和分享视频。

8.1 生成视频

生成视频的过程也被称为渲染，可以根据视频剪辑、音频剪辑、图像和时间轴上的顺序来创建一个输出文件。

8.1.1 生成向导

在生成过程中生成的视频比较占用系统资源，所以在视频生成时不要进行其他的操作，当在生成的过程中出现错误时，一般将未生成的项目重新生成即可。

在 Camtasia Studio 编辑器中执行"文件 > 生成和共享"命令，如图 8-1 所示。弹出"生成向导"对话框，如图 8-2 所示。

图 8-1   图 8-2

8.1.2 自定义生成设置

在"生成向导"对话框的下拉菜单中选择"自定义生成设置"选项，如图8-3所示，单击"下一步"按钮，如图 8-4 所示。

图 8-3   图 8-4

提示：自定义生成设置中可设置的属性包括文件格式、视频尺寸、视频质量、音频质量和更多选项。

- MP4：一般在当地的网络、手机、CD 和 DVD 中都可以播放该视频格式。MP4 的文件格式质量较好并且播放的图像较为清晰，缺点是占用的内存比较大，不利于长时间存储。

- WMV：WMV 格式主要应用于网络、计算机本地磁盘、光盘、DVD。它的优点包括可扩充的媒体类型、多语言支持、扩展性等，缺点是它的视频体积较大。

- MOV：MOV 格式主要应用在网络、光盘、DVD。它的优点包括跨平台、存储空间要求小和采用了有损压缩方式等，画面效果比 AVI 格式要稍微好一些。缺点是普及率较低、所占容量较大。

- AVI：AVI 格式即音频视频交错格式，AVI 是最清晰、最常用的格式。其缺点是体积过于庞大，而且更加糟糕的是压缩标准不统一。

- MP3：MP3 格式主要应用在网络、光盘、数字音频广播和数字演播室等。它的优点包括有出色的音频质量性、文件较小，缺点是只有音频格式。

- M4V：M4V 格式主要应用于网络、手机。它的优点是使用旧的 iPod 和 iPhone 可以播放视频，缺点是视频尺寸小，所以 M4V 被 MP4 所取代。

- GIF：主要是嵌入电子邮件或网页。它的优点是可以生成很小的文件、支持透明色、可以制作动画，缺点是视觉效果差，并且只支持 256 色以内的图像。

1. Flash/HTML5 的控制器

Flash/ HTML 5 的控制器选项允许用户设置播放控制器、视频大小、视频参数和音频比特率设等内容，如图 8-5 所示。

- 控制器：在这个选项卡中，选择控制器主题和视频启动 / 停止操作，如图 8-6 所示。

图 8-5　　　　　　　　　　图 8-6

- 生成使用控制器：打开或关闭视频控制器。如果用户只想制作一个视频文件，请选择此项。
- 控制器主题：在下拉列表中选择控制器的外观。
- 在开始暂停：当检查时，视频处于暂停状态，观看者必须单击"播放"按钮查看视频。如果不检查，视频立即开始播放。
- 自动隐藏控件：在检查时当鼠标移到视频上时，播放控件会弹出。当选中时播放控制总是可见的。

- 大小：更改视频和嵌入后的尺寸大小，如图 8-7 所示。

图 8-7

- 嵌入大小：在 HTML 页面中帧的大小，其中视频为最初显示。当嵌入大小和视频大小相同时，嵌入视频的质量是最好的。当嵌入大小小于视频大小时，在全屏幕模式下，视频质量看起来更好。但是此时的视频文件比较大，需要更长的时间来下载。
- 视频大小：视频所产生的大小。视频尺寸不应小于嵌入尺寸。
- 保存宽高比：当调整视频大小时，可维持视频目前的宽高比。
➢ 视频设置：为视频更改画质、帧速率以及配置文件，如图 8-8 所示。

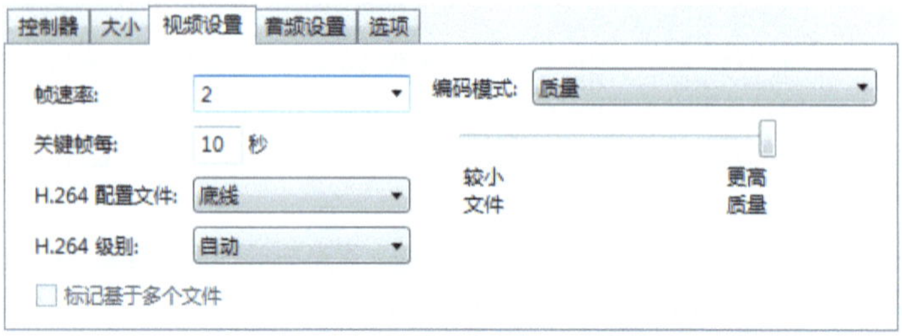

图 8-8

- 帧速率：自动选项保留在时间轴上所有剪辑中最高的帧速率。为了减少文件大小，可选择一个较低的帧速率。
- 编码模式：可从下拉列表中选择一种模式，然后使用滑块调整质量。在"质量"编码模式下，允许比特率需要达到一定的质量而不一定增加文件大小变化。编码方式设置最大数据的传输率、比特率。在低码率模式下会产生较小的文件大小，但会降低视频质量。
- 关键帧：通过视频确定关键帧的准确性。为了减少文件大小，可增加关键帧之间的秒数。
- H.264 配置文件：单击下拉菜单弹出下拉列表，可选择其他属性。但是建议使用默认选项。除非用户熟悉 H.264 编码选项，可对该选项进行设置。
- H.264 级别：建议使用默认选项。除非用户熟悉 H.264 编码选项，可对该选项进行设置。
- 基于标记的多个文件：为时间轴上的每个标记单独渲染一个视频生成。
➢ 音频设置：在这个选项中可设置所有音频的比特率大小，如图 8-9 所示。

图 8-9

- 音频编码：从下拉菜单中选择音频比特率。如果用户不想在最后视频中包含音频，禁用此选项即可。

提示：比特率是指每秒传送的比特(bit)数。单位为bps(Bit Per Second)，比特率越高，传送数据速度越快。声音中的比特率是指将模拟声音信号转换成数字声音信号后，单位时间内的二进制数据量，是间接衡量音频质量的一个指标。视频中的比特率（码率）原理与声音中的相同，都是指由模拟信号转换为数字信号后，单位时间内的二进制数据量。

➢ 选项：在这个选项卡中，可设置视频中包含的功能。当选项是灰色时，表示不可用，如图 8-10 所示。

图 8-10

- 目录：检查时间轴中的视频，如果用户在视频上添加了标记，此选项就可用于视频中。而且用户可以重命名标记并选择视频中的标记内容。
- 搜索：增加了视频搜索功能，观看者可以在标题幻灯片中搜索文本、幻灯片笔记和标记，也可以单击搜索跳转到视频中的那个位置。
- 标题："标题类型"下拉列表中包括隐藏式字幕、标题中损坏和根据视频字幕三个选项。
- 测验：可检查在视频中添加的测验。

2. Windows Media 编码选项

在 "Windows Media 编码选项" 对话框中，为了视频达到最好的效果，最好选择默认选项，以便更好地适应各种内容，并保持视频高品质，如图 8-11 所示。

图 8-11

- ➢ 配置文件：在其下拉列表中可选择包含所需的编码设置的配置文件。
- ➢ 描述：将所选择的配置文件进行描述。
- ➢ 详细信息：提供有关选择的音频和视频编码选项的详细信息。

3. QuickTime 编码选项

MOV 文件格式有多种视频和音频压缩选项，系统默认选择的是 H.264 视频编解码器和 MPEG-4 Audio 音频编解码器，如图 8-12 所示。

单击 "QuickTime 选项" 按钮，弹出 "影片设置" 对话框，用户可以在该对话框中设置视频与声音的属性，如图 8-13 所示。

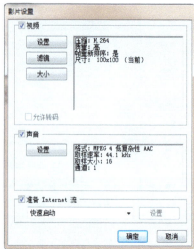

图 8-12   图 8-13

➢ 设置：单击"设置"按钮，弹出"标准视频压缩设置"对话框，可设置视频的运动、数据速率、压缩程序等属性，如图 8-14 所示。

➢ 滤镜：单击"滤镜"按钮，弹出"选择视频滤镜"对话框，可设置视频的滤镜属性，如图 8-15 所示。

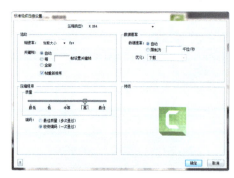

图 8-14   图 8-15

➢ 大小：单击"大小"按钮，弹出"导出大小设置"对话框，如图 8-16 所示。用户可以在该对话框中设置视频导出后的尺寸。

图 8-16

➢ 详细信息：提供有关选择的 QuicKtime 选项设置的详细信息。

254

4. AVI 编码选项

AVI 文件格式在记录的过程中，允许在 Camtasia Studio 中进行编辑。TechSmith Screen Codec 2（TSC2）为默认的视频编解码器，面板中各项参数如图 8-17 所示。

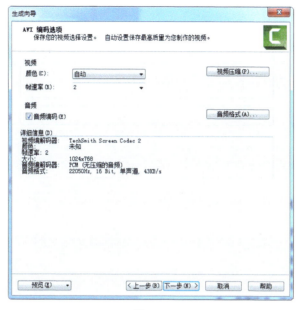

图 8-17

➢ 颜色："自动"选项保留在时间轴上剪辑的最高颜色设置。为了减少文件大小，可选择一个较低的颜色深度。

➢ 帧速率："自动"选项保留在时间轴上剪辑的最高的帧速率。为了减少文件大小，可选择一个较低的帧速率。

➢ 视频压缩：单击该按钮，打开"视频压缩选项"对话框，用户可选择屏幕捕获解码器，如图 8-18 所示。

➢ 音频格式：单击该按钮，打开"音频格式"对话框，设置播放速率选项，如图 8-19 所示。

图 8-18

图 8-19

➢ 音频编码：如果用户不想在所制作的视频中包含音频，禁用此选项即可。

➢ 详细信息：显示选择的音频和视频编码选项。

5. iPod 选项

iPod 是苹果公司设计和销售的系列便携式多功能数字多媒体播放器。iPod 系列产品都提供简单易用的用户界面，如图 8-20 所示。

图 8-20

➢ 选项：单击该按钮，打开"视频信息选项"对话框，可输入项目信息、iTunes 信息和作者信息。

➢ **M4V 选项**：可选择视频高与宽的尺寸。

6. MP3 编码选项

MP3 是音频常用的格式选项，只能用来输出音频文件。用户可以在 MP3 编码选项中设置关于音频比特率的所有格式，如图 8-21 所示。

图 8-21

➢ 选项：单击该按钮，打开"视频信息选项"对话框，可输入项目信息、iTunes 信息和作者信息。

➢ 音频编码：可以选择音频编码的数据传输速率。

7. GIF 动画编码选项

用户可以将视频文件输出为 GIF 动画文件。在"GIF 动画编码选项"对话框中，选择默认的选项，生成视频的质量要高于选择其他选项输出的视频，如图 8-22 所示。

➤ 颜色：在其下拉列表中可以选择自动保存时间轴上剪辑的最高颜色设置。为了减少文件大小，可选择一个较低的颜色深度，如图 8-23 所示。

图 8-22   图 8-23

➤ 帧速率：选择自动保存在时间轴上剪辑的最高帧速率。为了减少文件大小，可选择一个较低的帧速率。

➤ 无限循环：连续播放视频。

➤ 播放：启用后需要输入视频循环的次数。

➤ 包括 Windows 颜色：包括标准的 Windows 20 GIF 文件的颜色调色板。

➤ 详细信息：显示选择的音频和视频选项。

8. 标记选项

在编辑器中，为时间轴上的视频添加一个标记，那么在"标记选项"对话框的目录中就会弹出这个标记，同时还可以为目录上的标记重新命名，如图 8-24 所示。

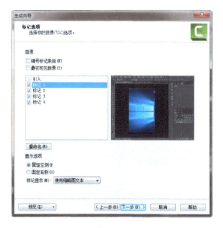

图 8-24

➤ 编号标记条目：一些内容的条目依次产生 TOC 的表。

➤ 最初可见目录：当视频播放时检查显示内容表。

➤ 重命名：要重命名一个目录项，双击列表中的条目，输入一个新名称。或者从列表中选择条目，
然后单击"重命名"。

➤ 固定左侧：选择按钮 TOC 在视频左侧。

➤ 固定右侧：选择按钮 TOC 在视频右侧。

9. 测验包括选项

用户可以通过发送电子邮件或在 SCORM 标准的学习管理系统（LMS）中提交测试结果，
如图 8-25 所示。

图 8-25

➤ 使用 SCORM 报告测验结果：通过 SCORM 标准测验录制视频，并返回给用户。

➤ 通过 email 测验结果报告：设置 email 地址，以供测验人将测验报告发送到当前 email 地址。

➤ 浏览器标识：选择观看者的身份要求。

➤ 测验外观：自定义你的问答或调查。

8.1.3　视频大小

在"视频大小"对话框中选择视频的最终输出尺寸。为了保证最好的输出效果，建议在
设置的时候选择默认参数，如果需要修改视频尺寸大小，不建议输入比原始尺寸大的数值，
这样会降低输出视频的质量，如图 8-26 所示。

图 8-26

> 编辑视频尺寸大小：在文本框中显示视频原有的尺寸大小，但不可编辑。
> 自定义大小：输入一个自定义的宽度和高度尺寸来生成视频。

8.1.4　视频选项

在"视频选项"对话框中可为视频添加视频信息、SCORM 报告、水印以及 HTML 等属性，如图 8-27 所示。

图 8-27

> 视频信息：输入有关视频的附加信息，如标题、作者和版权信息。
> 报告：使报告通过 SCORM 测验结果。
> 水印：可为视频添加一个水印。
> HTML：使用此选项创建一个用户，然后把视频嵌入网页，方便网页的制作。

1. 视频信息

在"视频信息选项"对话框中用户可输入自己的项目信息、作者信息和 iTunes 信息。其他人可以在因特网站上搜索到这些信息。用户要小心输入每项信息，如图 8-28 所示。在每个文本框中用户可以随意填写项目信息和作者信息，还可以选择 iTunes 分类，如图 8-29 所示。

图 8-28

图 8-29

2. SCORM 清单选项

SCORM 的清单是一个强制性的 XML 文件描述的内容包的组件，例如课程标题、课程描述名称等，如图 8-30 所示。

图 8-30

➢ 标识符：清单的唯一标识符。
➢ 标题：进入在线教育课程标题。
➢ 描述：进入在线教育课程描述。
➢ 主题：对于网络课程进入主题。
➢ 版本：表示清单的版本，默认为 1.2 版本。
➢ 持续时：显示视频的时间。
➢ 语言：为观看者输入语言代码，默认情况下语音为英文。
➢ 课程信息：输入课程的标题。

3. 水印

在"生成向导"对话框中的视频选项屏幕上启用"水印"选项，为视频添加水印。用户可以在"水印"对话框中设置水印的效果和位置，如图 8-31 所示。

图 8-31

➢ 预览：单击该按钮可查看水印预览。
➢ 效果：可为水印添加浮雕效果和透明色效果。

- 浮雕：可设计浮雕的方向和大小，浮雕效果设置好后可直接预览效果，如图8-32所示。
- 使用透明色：勾选此复选框，单击"颜色"按钮可弹出"颜色"对话框，可在此进行颜色设置，如图8-33所示。

<table>
<tr><td>图 8-32</td><td>图 8-33</td></tr>
</table>

➢ 缩放：启用"保留图像大小"可保持水印原来的大小，拖动图像缩放滑块可改变水印的大小。

➢ 位置：拖动水平偏移和垂直偏移滑块来改变水印的位置。如果在九宫格中任意选择一个位置，如图8-34所示，那么水印的位置也会跟着改变，如图8-35所示。

<table>
<tr><td>图 8-34</td><td>图 8-35</td></tr>
</table>

4. HTML

把制作的视频嵌入网页中，方便网页制作，用户也可以在"HTML选项"对话框中设置网页的属性，如图8-36所示。

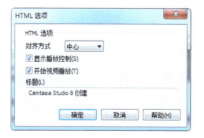

图 8-36

➢ 对齐方式：选择视频的排列方式。

➢ 显示播放控制：显示在 HTML 页面中的控制，为视频轻松导航。

➢ 开始视频播放：一旦 HTML 页面打开就开始播放视频。

➢ 标题：输入一个名称，让该名称在 HTML 页面的顶部显示。

8.1.5 制作视频

单击"完成"按钮开始渲染视频。将工程文件中的音频、视频和图像剪辑渲染输出为一个视频文件，如图 8-37 所示。

图 8–37

➢ 项目名称：用户可为项目输入名称。

➢ 文件夹：选择所生成的视频文件的文件夹位置。

➢ 生成到创建文件子文件夹中：选中此选项，将每个生成的视频组织到它自己的文件夹中。

➢ 显示创建结果：在渲染视频后，查看文件位置的摘要、创建的输出文件，以及用于生成的设置。

➢ 生成后播放视频（之后上传）：在预览窗口中播放所制作的视频以供审阅。

➢ 通过 FTP 上传视频：上传制作的视频文件通过 FTP（文件传输协议）。

8.1.6 预览生成设置

预览选项根据选定的设置呈现视频的前三十秒。此选项允许用户预览当前设置下输出的视频效果，且不会输出任何视频文件。预览选项在每个生成向导屏幕上可用。

1.预览当前设置

"预览当前设置"选项可以在每个"生成向导"对话框中使用。在"生成向导"对话框中设置一个属性，单击"预览"按钮，在弹出的快捷菜单中选择"预览当前设置"选项，即可弹出浏览器直接预览视频，如图 8-38 所示。

图 8-38

2. 预览管理

"预览管理"对话框中保存所有生成项目的渲染预览。使用预览管理可以播放所有项目的预览效果，并且可以删除预览效果和对比预览效果。

单击"预览"按钮，在弹出的快捷菜单中选择"预览管理"选项，弹出"生成预览管理"对话框，如图 8-39 所示。

图 8-39

8.1.7 生成结果

视频制作完成后，弹出"生成结果"对话框，在该对话框中可选择视频的后期制作选项，如图 8-40 所示。

➢ 生成结果：提供了项目文件的位置、创建的输出文件，以及用于生成视频的设置。

➢ 创建一个生成预设：可以保存生成预置设置使今后的生成更快和更容易。

➢ 创建生成预置：单击该按钮，弹出"创建创建预置"对话框，如图 8-41 所示。

图 8-40　　　　　　　　　　　　　　　　图 8-41

8.1.8 动手操作01——生成视频

在 Camtasia Studio 编辑器中，如果想执行"生成和共享"命令，可单击操作界面顶部的"生成和分享"按钮或者直接按快捷键 Ctrl+P 进行操作。

步骤 01 打开 Camtasia Studio 编辑器，执行"文件>打开项目"命令，弹出"打开"对话框，如图 8-42 所示。选择文件后单击"打开"按钮，将视频文件导入 Camtasia Studio 编辑器中对其进行编辑，编辑完成后单击"生成和分享"按钮，如图 8-43 所示。

图 8-42　　　　　　　　　　　　　　　　图 8-43

步骤 02 单击"完成"按钮后会弹出"生成向导"对话框，选择"自定义生成设置"选项，如图 8-44 所示。单击"下一步"按钮，弹出"生成向导"对话框，选择"MP4-智能播放器"选项，如图 8-45 所示。

图 8-44 图 8-45

步骤 03 设置完成后,单击"下一步"按钮,进入"生成向导"对话框,设置"控制器"选项,如图 8-46 所示。完成后,还可以设置"大小""视频设置""音频设置"等选项,如图 8-47 所示。

图 8-46 图 8-47

步骤 04 单击"下一步"按钮,弹出"生成向导"对话框,如图 8-48 所示。单击"下一步"按钮,进入"制作视频"对话框,如图 8-49 所示。

图 8-48 图 8-49

步骤 05 单击"完成"按钮,弹出"渲染项目"对话框,显示生成视频进度条,如图 8-50 所示。完成后弹出"生成结果"对话框,可以查看生成是否成功详情页,如图 8-51 所示。

图 8-50

图 8-51

8.2　批量创建

在 Camtasia Studio 编辑器中进行批量创建时，可利用预先设置的属性进行创建，并且可以设置同时生成多个项目。这就大大提高了工作效率，降低了错误率。

8.2.1　批量创建

批量创建功能主要是以生成一个或多个项目为主，在制作过程中除了可以添加视频文件外，还可以添加项目文件，为用户提供了一个便捷的方法，如图 8-52 所示。

图 8-52

➢ 文件名：可预览已经添加的文件内容。

➢ 添加文件 / 项目：可添加一个或多个视频文件和项目文件。

➢ 删除选择：删除所添加的文件内容。

1. 批量创建使用一个预设

用户可以直接在"使用所有文件创建预设 / 项目"下拉列表中选择设置好的预设文件，将预设中的输出设置应用到所有的视频文件中，如图 8-53 所示。

➢ 预设管理器：单击"预设管理器"按钮，弹出"管理创建预设"对话框，用户除了可以选择预置的配置文件外，还可以完成新建预置、编辑预置和清除预置的操作，如图 8-54 所示。

图 8-53　　　　　　　　　　　　　　图 8-54

➢ 新建：创建一个新的预设文件。

➢ 编辑：在"生成预置向导"对话框中，用户可为项目更改生成预设的名称、描述和输出的格式等参数。

➢ 清除：可以删除已经选择的生成预置。

2. 批量创建使用多个预设

在批量输出视频时，还可以同时使用多个预设，为不同的项目指定不同的预置，更改不同的预设名称和输出格式，如图 8-55 所示。

选择"使用不同的文件 / 项目创建预设"选项，可为添加的不同文件设置不同的预设值。单击"下一步"按钮，进入"批量创建 - 选择预设"对话框。在此对话框中可为不同的项目文件指定不同的预置文件，如图 8-56 所示。

图 8-55　　　　　　　　　　　　　　图 8-56

8.2.2　动手操作02——批量创建使用一个预设

　　通过学习使用一个或多个配置文件批量生成视频的操作，读者应该基本掌握了在
Camtasia Studio 中批量创建视频的方法和技巧。接下来通过一个操作案例讲解如何使用一个
预设批量创建视频文件。

步骤 01 打开 Camtasia Studio 编辑器，执行"文件 > 打开项目"命令，弹出"打开"对话框，如图 8-57
所示。选择文件后单击"打开"按钮，将视频文件导入 Camtasia Studio 编辑器中对其进行编辑，编辑
完成后执行"工具 > 共享 > 批量创建"命令，如图 8-58 所示。

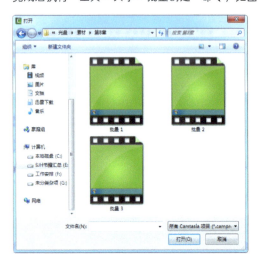

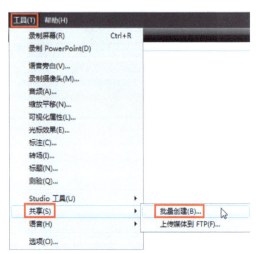

图 8-57　　　　　　　　　　　　　　　　图 8-58

步骤 02 弹出"批量创建"对话框，如图 8-59 所示。单击"添加文件 / 项目"按钮，弹出"选择文件和
项目批量项目"对话框，如图 8-60 所示。

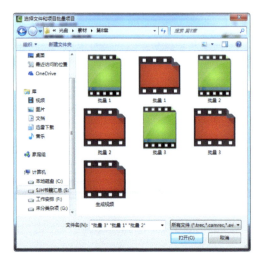

图 8-59　　　　　　　　　　　　　　　　图 8-60

步骤 03 在对话框中可选择一个或多个文件项目，选择完成后会显示在"批量创建-选择文件"对话框中，
如图 8-61 所示。用户可以使用"删除选择"命令删除不需要的文件，如图 8-62 所示。

图 8-61   图 8-62

步骤 04 单击"下一步"按钮，进入"预设选项"对话框，如图 8-63 所示。在"使用所有文件创建预设 / 项目"下拉菜单中选择任意一项预设，如图 8-64 所示。

图 8-63   图 8-64

步骤 05 单击"下一步"按钮，进入"批量创建 - 完成"对话框，单击"输出文件夹"预览按钮，为输出的文件设置存储位置，如图 8-65 所示。单击"完成"按钮，弹出"渲染批量生成"对话框，如图 8-66 所示。

图 8-65   图 8-66

步骤 06 处理完成后会弹出"生成结果"对话框，在该对话框中可查看生成文件的详细信息，如图 8-67 所示。打开生成完成后的文件夹，所有内容都会显示在文件夹中，如图 8-68 所示。

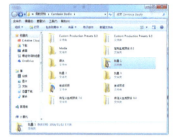

图 8-67 图 8-68

8.2.3 选择生成

在 Camtasia Studio 编辑器中，还有一种部分生成的输出方式。用户可选择视频中的一部分内容进行生成。

编辑完成后，用户可通过在时间轴上拖动选择视频的一部分，单击鼠标右键，在弹出的快捷菜单中选择"选择生成为"选项，弹出"生成向导"对话框，如图 8-69 所示。接下来就可以按照前面章节所讲的内容，完成视频的输出。

图 8-69

8.3 分享视频

在编辑器的工作窗口中单击"生成和分享"按钮右侧的白色三角形，即可弹出如图 8-70 所示的下拉菜单。用户可以选择 4 个选项分享视频，其中包括分享到 Screencast.com、分享到 Google Drive、分享到 YouTube 和分享到我的位置。用户可以根据自己的需要选择不同的分享地址，将制作好的视频上传分享。

图 8-70

8.3.1　动手操作03——分享到Screencast.com

步骤 01 打开 Camtasia Studio 编辑器，执行"文件 > 打开项目"命令，弹出"打开"对话框，如图 8-71 所示。将视频文件导入 Camtasia Studio 编辑器中对其进行编辑，编辑完成后单击"生成和分享"按钮，如图 8-72 所示。

图 8-71　　　　　　　　　　　　　　　　　　图 8-72

步骤 02 在弹出的"生成和分享"下拉菜单中选择"分享到 Screencast.com"选项，如图 8-73 所示。弹出"登录到 Screencast.com"对话框，如图 8-74 所示。

图 8-73　　　　　　　　　　　　　　　　　　图 8-74

步骤 03 在对话框中输入电子邮箱和密码，如图 8-75 所示。单击"下一步"按钮，为视频指定标题并指定生成文件夹。单击"选项"按钮，可以设置控制器的行为、提问的特点和表的内容等选项，如图 8-76 所示。

图 8-75   图 8-76

提示：用户如果没有Screencast.com的账户，则可以单击"注册免费Screencast.com账户"选项，注册一个账户后再登录。

步骤 04 设置完成后单击"完成"按钮，弹出"渲染项目"对话框，如图 8-77 所示。渲染项目完成后会在网页浏览器中预览，如图 8-78 所示。

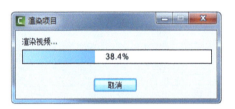

图 8-77   图 8-78

8.3.2　分享到 Google Drive

　　用户也可以将视频文件分享到 Google Drive 中。单击"生成和分享"按钮，选择"分享到 Google Drive"选项，如图 8-79 所示。弹出"Sign In To Google Drive"对话框，输入谷歌 Google Drive 账户信息，即可完成分享，如图 8-80 所示。

图 8-79   图 8-80

8.3.3 分享到 YouTube

　　用户也可以将视频文件分享到 YouTube 中。单击"生成和分享"按钮，选择 "分享到 YouTube"选项，如图 8-81 所示。弹出"Sign In To YouTube.com"对话框，输入 YouTube 的账户信息，单击"下一步"按钮，即可完成分享，如图 8-82 所示。

图 8-81

图 8-82

8.4　本章小结

　　微课和慕课制作完成后，最后的输出也是至关重要的。只有正确地输出视频，整个制作过程才能圆满结束。本章主要讲解在 Camtasia Studio 中如何生成视频、如何批量创建和如何分享视频。希望用户在日后的制作过程中活学活用，多思考和多练习，对 Camtasia Studio 编辑器的使用和制作有更深的了解。

8.5　课后练习

　　通过本章的学习，相信用户已经对 Camtasia Studio 的生成和分享有了一定的了解，接下来通过实际的操作练习，向用户介绍如何批量创建使用多个预设。

步骤 01 打开 Camtasia Studio 编辑器，执行"文件 > 打开项目"命令，弹出"打开"对话框，如图 8-83 所示。选择文件后单击"打开"按钮，将视频文件导入 Camtasia Studio 编辑器中对其进行编辑，编辑完成后执行"工具 > 共享 > 批量创建"命令，如图 8-84 所示。

图 8-83　　　　　　　　　　　　　　　　图 8-84

步骤 02 执行完操作后会弹出"批量创建"对话框，如图 8-85 所示。单击"添加文件 / 项目"按钮，弹出"选择文件和项目批量项目"对话框，如图 8-86 所示。

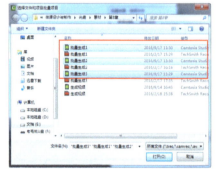

图 8-85　　　　　　　　　　　　　　　　图 8-86

提示：用户可按住Ctrl键选中需要生成的文件。

步骤 03 在对话框中可选择一个或多个文件项目，如图 8-87 所示。单击"下一步"按钮，弹出"批量创建 - 预设选项"对话框，如图 8-88 所示。

图 8-87　　　　　　　　　　　　　　　　图 8-88

步骤 04 选择"使用不同的文件/项目创建预设"选项，单击"下一步"按钮，如图 8-89 所示。弹出"批量创建-选项预设"对话框，如图 8-90 所示。

图 8-89　　　　　　　　　　　　　　图 8-90

步骤 05 在对话框中选择一个文件，单击"预设管理器"按钮，如图 8-91 所示。弹出"管理创建预设"对话框，如图 8-92 所示。

图 8-91　　　　　　　　　　　　　　图 8-92

步骤 06 单击"创建预置"下拉菜单，选择如图 8-93 所示的预设文件。单击"关闭"按钮，选择第二个文件，如图 8-94 所示。

图 8-93　　　　　　　　　　　　　　图 8-94

步骤 07 单击"预设管理器"按钮，弹出"管理创建预设"对话框，再次选择一个预设文件，如图 8-95 所示。单击"关闭"按钮，选择第三个文件，如图 8-96 所示。

图 8-95　　　　　　　　　　　　　　图 8-96

步骤 08 在"创建预置"下拉菜单中选择如图 8-97 所示的预设文件。单击"关闭"按钮，页面效果如图 8-98 所示。

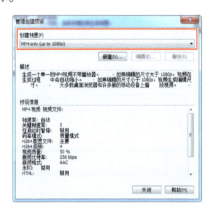

图 8-97　　　　　　　　　　　　　　图 8-98

步骤 09 单击"输出文件夹"右侧的按钮，为输出的文件设置存储位置，如图 8-99 所示。单击"完成"按钮，弹出"渲染批量生成"对话框，开始渲染输出，如图 8-100 所示。

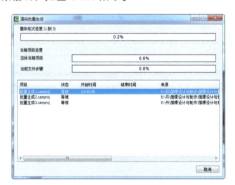

图 8-99　　　　　　　　　　　　　　图 8-100

步骤10 完成后弹出"生成结果"对话框，用户可以查看生成结果，如图 8-101 所示。打开生成完成后的文件夹，所有内容都罗列在文件夹中，如图 8-102 所示。

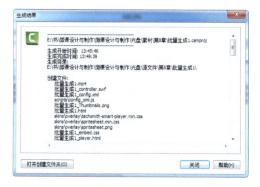

图 8-101

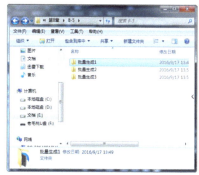

图 8-102

09

Chapter

微课和慕课的实际应用

微课和慕课具有主题突出、类型多样、情景真实、交互性强、使用方便等强大的优势，在前面的章节中已经对微课和慕课制作的基础知识进行了详细的介绍，本章将通过实际的综合案例对不同形式的微课和慕课制作进行详细的讲解。

9.1 录屏类微课和慕课的录制

使用录屏类软件制作的微课和慕课，不仅操作简单，而且为教学资源注入了新的活力。将案例的操作过程详细地录制成为视频，既便于学习又便于反复观看。接下来将通过一个案例讲解录屏类微课和慕课的制作方式。

9.1.1 选择课题

微课和慕课的选题要适合使用多媒体表达，要能够引起观看者的兴趣，在选择课题时题目名称尽量生动、鲜明。

本节将以 Illustrator 软件中的"沿路径移动文本"操作为例，展示制作微课和慕课的具体制作过程。

9.1.2 收集整理所需素材

确定知识点之后，可以通过网络、书籍等途径调查、了解、收集与该知识点相关的信息。收集的素材包括文字、图片和视频等内容。同时需要注意，采用哪种表现手法要充分考虑文字知识点和媒体视频的衔接方式，还要注意素材的版权问题，不要侵权（如信息来源出处、肖像权等）。

> 提示：一般需要收集图片、视频、音频和动画等资料，都需要尽量保证清晰度。

> ➢ 图片：由于该课题是沿路径移动文本，因此要将视频演示过程中需要使用的案例素材准备好，如图 9-1 所示。
> ➢ 视频：视频录制完成后，需要对视频进行合成，在此之前首先收集一个片头，如图 9-2 所示。

图 9-1

图 9-2

> ➢ 字幕：将视频中所需的文字内容以纯文本的方式编辑好，一句一行，以便在录制视频的过程中或后期添加字幕时使用，如图 9-3 所示。

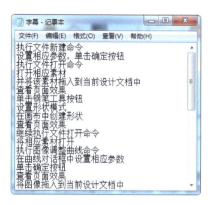
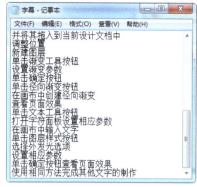

图 9-3

9.1.3　素材加工

　　由于接下来要录制的视频尺寸为 1 024×768，而收集的片头视频尺寸为 1 920×1 080，因此需要对该视频进行尺寸修改。

步骤 01 打开 Camtasia Studio 编辑器，执行"文件 > 导入媒体"命令，弹出"打开"对话框，将媒体文件导入剪辑箱中，如图 9-4 所示。将剪辑箱中的视频拖入时间轴上，如图 9-5 所示。

图 9-4

图 9-5

步骤 02 单击"视频预览"对话框中的"编辑尺寸"按钮，如图 9-6 所示。在"编辑尺寸"对话框中设置参数，如图 9-7 所示。

图 9-6

图 9-7

步骤 03 单击"OK"按钮，完成视频尺寸的调整，预览窗口如图 9-8 所示。在时间轴上拖动播放头选择需要剪辑的视频区域，如图 9-9 所示。

图 9-8   图 9-9

提示：由于要将视频作为片头使用，因此只需要截取视频的一部分即可。

步骤 04 单击"剪切"按钮，时间轴面板如图 9-10 所示。执行"文件 > 生成和共享"命令，如图 9-11 所示。

图 9-10   图 9-11

步骤 05 弹出"生成向导"对话框，设置各项参数，如图 9-12 所示。单击"下一步"按钮，如图 9-13 所示。

图 9-12   图 9-13

步骤 06 单击"完成"按钮，进入"渲染项目"对话框，如图 9-14 所示。渲染完成后，弹出"生成结果"对话框，单击"完成"按钮，如图 9-15 所示。

| 图 9-14 | 图 9-15 |

9.1.4　内容录制

完成各种准备工作以后，接下来开始对微课和慕课的操作步骤进行录制。在开始录制前，应尽量进行预录，在了解制作的详细步骤的同时，发现问题并及时解决，避免反复录制。

步骤 01 打开 Illustrator 软件，如图 9-16 所示。打开 Camtasia Studio 软件，单击"录制屏幕"按钮，如图 9-17 所示。

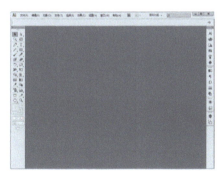

| 图 9-16 | 图 9-17 |

步骤 02 打开 Camtasia Studio 录制器，单击"自定义"按钮，设置录制视频的尺寸，如图 9-18 所示。

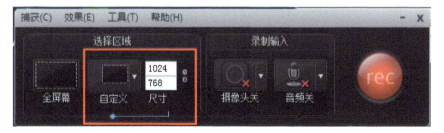

图 9-18

步骤03 在"自定义"下拉列表中选择"锁定到应用程序"选项，如图9-19所示。此时录制窗口就会自动锁定到 Illustrator 界面，锁定后的录制尺寸为 1 024×768，如图9-20所示。

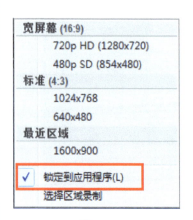

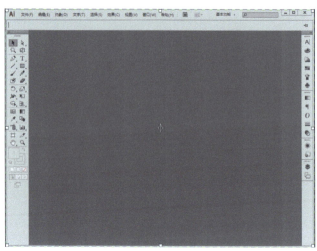

图 9-19   图 9-20

步骤04 执行"效果>注释>添加标题"命令，如图9-21所示。单击"rec"按钮，弹出"Enter Caption"对话框，输入如图9-22所示的文字内容。

图 9-21   图 9-22

步骤05 单击"OK"按钮，桌面会出现倒计时提醒开始录制，如图9-23所示。倒数完成后，开始录制视频，如图9-24所示。

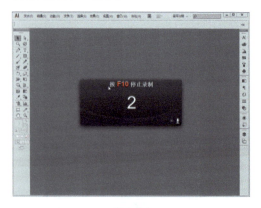

图 9-23   图 9-24

步骤 06 当视频录制完成后，按 F10 键结束录制，弹出预览窗口，预览视频，如图 9-25 所示。单击"保存并编辑"按钮，如图 9-26 所示。

图 9-25　　　　　　　　　　　　　　　　图 9-26

步骤 07 单击"保存"按钮后，进入 Camtasia Studio 编辑器页面，执行"文件 > 导入媒体"命令，如图 9-27 所示。弹出"打开"对话框并选中文件，如图 9-28 所示。

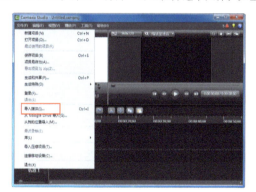

图 9-27　　　　　　　　　　　　　　　　图 9-28

步骤 08 单击"打开"按钮后，进入 Camtasia Studio 编辑器页面，如图 9-29 所示。单击鼠标右键，在弹出的快捷菜单中选择"添加到时间轴播放"选项，如图 9-30 所示。

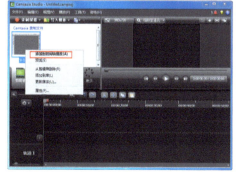

图 9-29　　　　　　　　　　　　　　　　图 9-30

图 9-31 　　　　　　　　　　　　　　　　　　图 9-32

9.1.5　剪辑视频

微课和慕课内容录制完成后，根据需要对录制的视频进行剪辑和添加效果，使视频更加精准且主题突出。

步骤 **01** 在时间轴上拖动选择需要删除的区域，选定区域以蓝色高亮显示，如图 9-33 所示。单击"剪切"按钮能够将选中的视频区域删除，如图 9-34 所示。

图 9-33

图 9-34

提示：在对时间轴中的内容进行选择时，可使用快捷键Ctrl++对时间轴进行放大，从而使得播放头选择裁剪的区域更加准确。

步骤 02 将时间轴上的视频选中，如图9-35所示。打开"光标效果"选项，设置"高亮效果"为"高亮"，如图9-36所示。

图 9-35　　　　　　　　　　　　　　　图 9-36

> **提示**：当编辑器中没有"光标效果"选项时，可单击"更多"按钮，选择"光标效果"选项，打开"光标效果"窗口。

步骤 03 将播放头调整到需要添加标注的位置上，如图9-37所示。单击"标注"按钮，出现"标注"面板，单击右侧最下方的三角形按钮，选择如图9-38所示的标注形状。

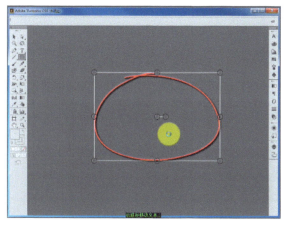

图 9-37　　　　　　　　　　　　　　　图 9-38

步骤 04 在预览窗口中调整标注位置，如图9-39所示。选中该标注，在"标注"选项卡中设置属性，如图9-40所示。

图 9-39　　　　　　　　　　　　　　　图 9-40

步骤 05 将播放头移动到添加缩放的位置上，如图 9-41 所示。单击"缩放"选项卡，移动和调整缩放边框以获得所需的变焦效果，如图 9-42 所示。

图 9-41　　　　　　　　　　　　　　　　　　图 9-42

步骤 06 缩放动画将自动添加到时间轴上，将播放头移动到需要取消缩放的位置上，如图 9-43 所示。单击"媒体缩放以适应整个画布"按钮，缩放将自动恢复到原来的界面尺寸，如图 9-44 所示。同时缩放动画将自动添加到时间轴上，如图 9-45 所示。

图 9-43　　　　　　　　　　　　　　　　　　图 9-44

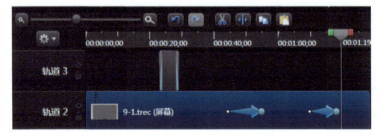

图 9-45

步骤 07 执行"文件 > 导入媒体"按钮，弹出"打开"对话框，将视频素材导入剪辑箱中，如图 9-46 所示。将媒体拖入时间轴中，如图 9-47 所示。

图 9-46	图 9-47

步骤 08 将播放头移动到片头处，单击"标注"按钮，出现"标注"面板，单击右侧最下方的三角形按钮，选择如图 9-48 所示的标注形状，在"标注"选项卡中设置"文本"属性，如图 9-49 所示。

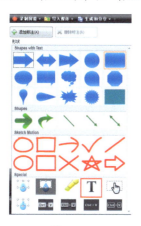

图 9-48	图 9-49

步骤 09 在预览窗口中将自动预览视频效果，如图 9-50 所示。在时间轴上调整文本标注的持续时间，如图 9-51 所示。

图 9-50	图 9-51

步骤 10 选择片头媒体，在"更多"选项中选择"转场"选项卡，选择"棋盘格"选项，单击鼠标右键，在弹出的快捷菜单中选择"添加到选中的媒体"选项，如图 9-52 所示。时间轴面板如图 9-53 所示。

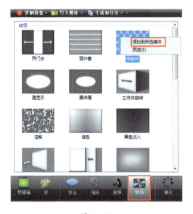

图 9-52 图 9-53

步骤 11 选择"语音旁白"选项卡，设置音频参数，如图 9-54 所示。单击"开始录制"按钮，开始录制音频，录制完成后，单击"停止录制"按钮，如图 9-55 所示。

图 9-54 图 9-55

步骤 12 弹出"旁白另存为"对话框，如图 9-56 所示。单击"保存"按钮，即可将声音添加到时间轴中，如图 9-57 所示。

图 9-56 图 9-57

提示： 当需要剪辑音频时，可将其他轨道锁定，然后对音频文件进行剪辑，音频与视频的剪辑方法相同。

步骤13 将播放头移动到需要添加字幕的视频上，如图9-58所示。在"字幕"选项卡中设置参数，如图9-59所示。

图9-58　　　　　　　　　　　　　　　　图9-59

步骤14 在字幕文本框中输入文字，如图9-60所示。单击"同步字幕"按钮，在弹出的"同步字幕"对话框中单击"continue"按钮，如图9-61所示。

图9-60　　　　　　　　　　　　　　　　图9-61

步骤15 一边听，一边单击鼠标，听到哪句就点到哪句，如图9-62所示。完成后，单击"停止"按钮，完成同步字幕的操作，如图9-63所示。

图9-62　　　　　　　　　　　　　　　　图9-63

步骤 16 时间轴面板如图 9-64 所示。执行"文件 > 保存项目"命令，如图 9-65 所示，完成视频的合成与剪辑。

图 9-64　　　　　　　　　　　　　　　图 9-65

9.1.6　生成和发布

　　视频编辑完成后，单击"生成和分享"按钮，用户可根据自己的需求来选择生成不同格式的视频文件，接下来继续制作。

步骤 01 单击"生成和分享"按钮，如图 9-66 所示。弹出"生成向导"对话框，选择"自定义生成设置"选项，如图 9-67 所示。

图 9-66　　　　　　　　　　　　　　　图 9-67

步骤 02 单击"下一步"按钮，选择"MP4- 智能播放器"选项，如图 9-68 所示。继续单击"下一步"按钮，选择"控制器"选项卡，参数设置如图 9-69 所示。

图 9-68　　　　　　　　　　　　　　　图 9-69

步骤 03 选择"选项"选项卡，勾选相应复选框，如图 9-70 所示。继续单击"下一步"按钮，勾选"水印"复选框，如图 9-71 所示。

图 9-70　　　　　　　　　　　　　　　　　图 9-71

步骤 04 单击"选项"按钮，在"水印"对话框中设置各项参数，如图 9-72 所示。在"水印预览"对话框中可查看添加的水印效果，如图 9-73 所示。

图 9-72　　　　　　　　　　　　　　　　　图 9-73

步骤 05 单击"确定"按钮，继续单击"下一步"按钮，设置"输出文件"选项参数，如图 9-74 所示。单击"完成"按钮，开始渲染项目，如图 9-75 所示。

图 9-74　　　　　　　　　　　　　　　　　图 9-75

步骤 06 渲染完成后，弹出"生成结果"对话框，单击"完成"按钮，完成视频的生成，如图 9-76 所示。单击"生成和分享"按钮，选择"分享到 Screencast.com"选项，输入用户名和密码，如图 9-77 所示。

图 9-76   图 9-77

步骤 07 继续单击"下一步"按钮，设置上传的视频标题，如图 9-78 所示。弹出"渲染项目"对话框，如图 9-79 所示。

图 9-78   图 9-79

步骤 08 当渲染完成后，又会出现上传进度对话框，如图 9-80 所示。上传完成后，可在网页中查看最后生成的视频，如图 9-81 所示。

图 9-80   图 9-81

9.2 PPT类微课和慕课的录制

微视频已经非常流行，用户可以使用多种方法对微视频进行录制。其中，最简单也是最常用的，便是使用PPT来录制。

由微视频、微教案/微学案、微练习、微课件、微反思及微点评等要素组成一节完整的课程，做好教学设计是把这些资源整合在一起的先导工作，教学设计凝聚着教师的智慧和思想，教学设计的水准在很大程度上决定了微课和慕课的质量。

9.2.1 制作PPT课件

PPT课件是课程大纲的体现，通常将课程中的重点内容逐一罗列。因此，课件是最直观的表现媒体。用户可根据课程的不同设计制作不同的PPT课件，来满足授课和微课制作的需求。本节将以"当广告遇上插画"为课题向用户介绍PPT的制作要点。

1. 封面很重要

对于PPT来说，封面有多重要？可以说是举足轻重、至关重要。俗话说："货卖一张皮"，PPT的第一印象对于观看者来说非常重要，一个成功的PPT封面意味着整个演示过程成功了一半，而失败的封面会让一个精彩的PPT演示变得索然无味。

如图9-82所示为该PPT的封面设计，开门见山点名主题，同时显示制作公司等信息。标题内容简洁明了，可以第一时间吸引观看者的注意力。

图 9-82

2. 尽量少使用软件自带的样式

PowerPoint软件为了方便用户快速制作出精美演示文档，提供了很多默认样式效果，包括背景样式、艺术字样式和形状样式。

样式为用户带来方便的同时也带来效果雷同的问题，造成大家制作的演示文稿页面效果类似。所以，要设计出与众不同的演示文稿，首先就要较少地使用软件自带的样式，如图9-83所示。

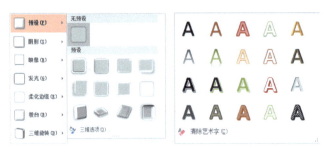

图 9-83

3. 颜色不是越多越好

通常没有设计基础的用户在制作PPT时，为了凸显某一部分，一般都会选择一种甚至多种明亮的颜色。殊不知，在不遵守颜色搭配的前提下大量使用明亮颜色，注定是一件失败的作品。

> **提示：** 从设计的角度来说，一个作品通常不要超过三种颜色。确定一种颜色作为主色，一种颜色作为辅助色，一种颜色为文本颜色。这样既可以保留页面的一致性，又能够得到丰富的设计效果。

如图9-84所示为合理的色彩搭配效果，以绿色到黄色的渐变色作为背景色，而黑色的文字突出强调了内容，使得页面内容更加清晰。

图 9-84

4. 排版要清晰明了

PPT演讲稿通常用来展示演讲的大纲。但是有些用户为了降低演讲的难度，会将大量的图片或文字放置在页面中，造成整个页面拥挤不堪。这就完全破坏掉了PPT演讲稿的初衷。

> **提示：** 优秀的演讲稿，要求页面整洁，主题明确，所以演讲稿的每一个页面不宜有太多的内容。在排版上也要主次明确，将要表达的内容按照重要程度逐级摆放。

如图 9-85 所示为合理的页面排版效果，该页面采用上下方式进行排版，内容清晰明了，形成鲜明的对比，通过添加适当的图片使页面生动活泼，引人注目。

图 9-85

5. 使用合适的字体

在设计世界里，排版是一种重要的艺术形式，字体的合理使用也是非常重要的元素，字体能够及时传达一种态度、一个观点，或任何其他因素。

提示：字是PPT最基本的组成元素，是观看者注意的焦点，也决定了主题和版式。设计字体成千上万，如何选择合适的字体是非常重要的问题。

如图 9-86 所示为合理的字体设计。页面中采用了"汉仪丫丫体简"的字体样式，将页面标题清晰地展现在人们眼前，并对该内容进行了选择处理。除了增强页面标题的美感外，也能够起到吸引眼球的作用。

图 9-86

6. 使用共同的装饰

在设计 PPT 文字时可通过使用共同的装饰使得页面文字更加有特色，从而增强画面的一致性和美观度。因为在视觉传达的过程中，文字作为整体设计的形象元素之一，它必须具有视觉上的美感，才能够给人以美的享受。

如图 9-87 所示为该 PPT 的内容页设计，该页面中的内容使用渐变色作为背景，上下分别以图片进行排列，简洁明了。中间的文字放置在长方形框里更显凹凸感，同时也使页面形式更加丰富。

图 9-87

7. 使用高质量的照片

使用照片是令 PPT 出彩的最佳手段之一，那么不合理的照片也能将 PPT 的演示搞砸。在白色背景下光溜溜地放一张照片并不意味着它就是好照片，不要为了放照片而把难看和不合适的照片放上去。

如图 9-88 所示的 PPT 页面，主要是介绍插画艺术家，页面上主要是插画艺术家的文字介绍，下面使用插画艺术家的作品进行集中展示，这样不仅增强了 PPT 页面的图版率，更使得页面内容更加丰富。

图 9-88

9.2.2　录制PPT视频

　　PPT是微课和慕课录制中最核心的资源。PPT制作完成后，就可使用PPT中的内容插件对PPT进行录制了，接下来对该过程进行讲解。

步骤01 在PowerPoint中打开刚刚制作好的PPT，如图9-89所示。选择"加载项"选项卡，单击"录制选项"按钮，弹出"Camtasia Studio插件选项"对话框，设置相应参数，如图9-90所示。

图9-89　　　　　　　　　　　　　　　　图9-90

步骤02 单击"水印"按钮，设置参数，如图9-91所示。单击"录制"按钮，进入录制页面，页面效果如图9-92所示。

图9-91　　　　　　　　　　　　　　　图9-92

步骤03 此时演示文档将以演示播放的模式打开，屏幕的右下角将会弹出Camtasia Studio的对话框，单击"开始录制"按钮，开始PPT内容的录制，如图9-93所示。

图9-93

步骤04 在演示文档结束时，可单击"停止录制"按钮停止演示文档的录制，如图 9-94 所示。输入文件名并选择存储位置后单击"保存"按钮存储文件，录制的演示文档存储为 Camtasia Studio（*.trec）格式文件，如图 9-95 所示。

图 9-94　　　　　　　　　　　　　　　　图 9-95

步骤05 单击"保存"按钮，选择"编辑录像"选项，如图 9-96 所示。进入 Camtasia Studio 编辑器，如图 9-97 所示。接下来根据用户的需求对视频进行再编辑操作。

图 9-96　　　　　　　　　　　　　　　　图 9-97

9.2.3　录制课件音频

　　PPT 课件录制完成后，可以开始音频文件的录制，用户也可在录制 PPT 的过程中同时录制音频文件，也可后期通过 Camtasia Studio 中的"语音旁白"选项对 PPT 课件进行录制音频。

步骤01 选择"语音旁白"选项卡，设置参数，如图 9-98 所示。单击"开始录制"按钮，开始录制音频，录制完成后，单击"停止录制"按钮，如图 9-99 所示。

图 9-98　　　　　　　　　　　　　　　　图 9-99

步骤 02 弹出保存文件对话框，如图 9-100 所示。单击"保存"按钮，即可将声音添加到时间轴中，如图 9-101 所示。

<table>
<tr><td align="center">图 9-100</td><td align="center">图 9-101</td></tr>
</table>

提示： 当需要剪辑音频时，可将其他轨道锁定，然后对音频文件进行剪辑，音频与视频的剪辑方法相同。

步骤 03 音频录制完成后，为了获得更好的音频文件，通常需要对音频进行再编辑。将视频轨道锁定，如图 9-102 所示。按住鼠标左键拖动选中需要剪辑的音频内容，单击"剪切"按钮，如图 9-103 所示。

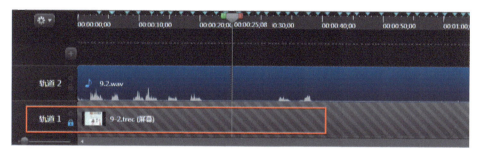

图 9-102

图 9-103

提示： 使用相同的方法将音频中录错的地方进行剪切，也可将视频中停滞较久的画面进行删除，对视频和音频文件进行完善。

9.2.4 剪辑视频

为增强微课和慕课视频的视觉效果，还可以对视频进一步优化，将刚刚完成的视频及音频文件进一步优化处理：删除视频片头片尾的空白部分、配上背景音乐，使最终的视频既美观实用，又能够准确传达知识点。

步骤 01 继续上面的案例，选中如图 9-104 所示的媒体文件。在"转场"选项卡中，选择"百叶窗"的转场效果，单击鼠标右键在弹出的快捷菜单中选择"添加到所选媒体选项"选项， 如图 9-105 所示。添加完成后的效果如图 9-106 所示。

图 9-104

图 9-105

图 9-106

步骤 02 打开"库"选项卡，选中一个音频文件，单击鼠标右键，在弹出的快捷菜单中选择"添加到时间轴播放"选项，如图 9-107 所示。时间轴面板如图 9-108 所示。

图 9-107

图 9-108

步骤 03 选中多余的音频，单击"剪切"按钮将其删除，使音频的长度与时间轴上的其他媒体文件持续时间相同，如图 9-109 所示。

图 9-109

提示： 由于库中音频文件持续时间较短，因此再次添加一段音频并将它们连接在一起，这样才能在讲解整个 PPT课件的过程中都有背景音乐。

步骤 04 切换到 "音频" 选项卡，勾选 "启用音量调节" 和 "启用噪声去除" 选项，如图 9-110 所示。时间轴面板如图 9-111 所示。

图 9-110　　　　　　　　　　　　　　　　图 9-111

步骤 05 设置完成后，执行 "文件 > 保存项目" 命令，弹出 "另存为" 对话框，如图 9-112 所示。完成 PPT 微课的合成与剪辑，Camtasia Studio 编辑器如图 9-113 所示。

图 9-112　　　　　　　　　　　　　　　　图 9-113

9.2.5　生成和发布

　　为学生自主学习而发布的微课和慕课，应当具有的配套资源包括：微视频、微学案、微练习和微课件等内容。将相关资源打包后上传到班级群中，便于学生观看后自行完成练习，教师还要及时了解微课和慕课的使用效果，并收集学生的反馈建议，以对微课和慕课进一步优化，满足教学任务的要求。

步骤 01 单击"生成和分享"按钮，如图 9-114 所示。弹出"生成向导"对话框，选择"MP4 with Smart Player（up to 1080p）"格式选项，如图 9-115 所示。

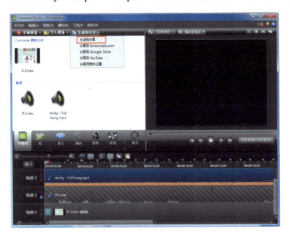

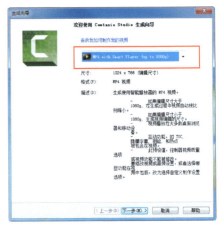

图 9-114　　　　　　　　　　　　　　　　图 9-115

提示：在生成课程的过程中用户可根据自己的需要对视频生成格式进行选择，不同格式的视频使用的方法也不尽相同。

步骤 02 单击"下一步"按钮，设置文件存储地址，如图 9-116 所示。单击"完成"按钮，弹出"渲染项目"对话框开始渲染项目，如图 9-117 所示。

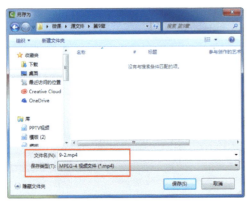

图 9-116　　　　　　　　　　　　　　　图 9-117

步骤 03 渲染完成后，弹出"生成结果"对话框，单击"完成"按钮，完成视频的生成，如图 9-118 所示。单击"播放"按钮，即可在浏览器中查看视频效果，如图 9-119 所示。

图 9-118

图 9-119

9.3　拍摄类微课和慕课的录制

　　微课和慕课的制作途径与方式是多种多样的，除了能够使用录屏软件对微课和慕课进行录制，对 PPT 课件进行录制外，还可通过摄像机将教学活动拍摄下来并输出为视频文件。接下来向用户介绍拍摄类微课和慕课的详细制作过程。

9.3.1　选择设计

　　选择正确的选题是制作微课和慕课的起点，好的选题是微课和慕课获得以成功的前提和基础。微课和慕课的特点是"小而精"，所以适合做微课和慕课的内容最好是核心知识点或教学难点。内容较多且较复杂的课程，可以分段制作。

> 提示：录制现场光线充足，环境安静、整洁，避免在镜头中出现有广告嫌疑或与课程无关的标识等内容。现场是否安排学生互动可根据录制需要自行决定。

9.3.2　收集整理课程素材

　　本课程是以人物对话的方式模拟证券营销人员在进行问卷调查的现场。在开拍前，必须完成确定剧本、选定演员、构思场景和编写故事脚本等准备工作。

- ➢　录制场地：会议室
- ➢　演员：公司职员
- ➢　构思场景：顾客去证券公司咨询，营销人员对他热情接待，并在顾客等待的过程中让顾客填写了一份问卷调查，并对顾客问的问题进行了详细的解答。
- ➢　故事剧本：对于故事的剧本将用营销人员与顾客对话的方式进行详细介绍。
- ➢　营销人员：您的等待时间还有很长，可以先填一下这个问卷调查！
- ➢　顾客：这是什么问卷调查啊？

- ➤ 营销人员：类似于证券基金那一类的！
- ➤ 营销人员：您看这一份，是关于子女的。您这么年轻，还没结婚吧？
- ➤ 顾客：我都有孩子啦！
- ➤ 营销人员：那这个正好适合您！
- ➤ 顾客：这个不会有风险吗？
- ➤ 营销人员：这个我们有专业的人员来帮助您，让您赚多赔少。对于赚少赔多的这种情况我们也会有一些硬性的解决方法。可以给您一些更专业的服务让您赚多赔少，尽量少赔！而且我给您推荐的都是低风险高收入的一些。
- ➤ 顾客：行，那我可以试试！
- ➤ 营销人员：这是我的名片，回头您要是有问题可以打给我！
- ➤ 顾客：哎，行。

9.3.3　加工课件素材

　　由于接下来要录制的视频尺寸为 1 280×720，而收集的图片素材为 4 607×3 256，因此需要对该图片的尺寸进行修改。

步骤 01 打开 Photoshop，打开需要更改尺寸的图片，如图 9-120 所示。执行"图像 > 图像大小"命令，弹出"图像大小"对话框，如图 9-121 所示。

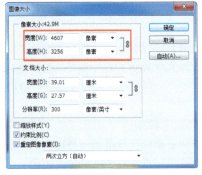

图 9-120　　　　　　　　　　　　　　　　　图 9-121

步骤 02 在"图像大小"对话框中设置"宽度"为 1 280 像素后，高度也会随之改变，如图 9-122 所示。单击"确定"按钮，图片尺寸将会改变，如图 9-123 所示。

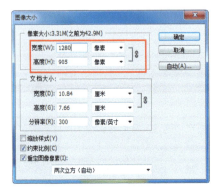

图 9-122　　　　　　　　　　　　　　　　　图 9-123

步骤 03 单击"裁剪工具"，在属性栏中输入如图 9-124 所示的参数。画布中图像的四周会显示图像裁剪框，如图 9-125 所示。单击选项栏上的"提交"按钮 ✓，即可对图像进行裁剪操作，效果如图 9-126 所示。

图 9-124

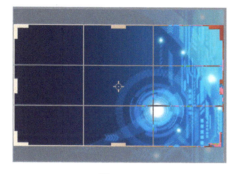

图 9-125

图 9-126

9.3.4　视频录制过程

教师可首先确定好取景范围，机位设置应满足完整记录全部教学活动的要求。然后同学开始准备，准备完毕后，开始正式录制，如图 9-127 所示。

图 9-127

提示：摄像机要求不低于专业级数字设备，在同一门课程中标清和高清设备不得混用，推荐使用高清数字设备。

9.3.5　剪辑视频

在使用摄像机录制完成后，就可对该视频进行降噪和合成处理了，接下来详细地对录制视频的处理进行介绍。

步骤 01 打开 Camtasia Studio 编辑器，执行"文件 > 导入媒体"命令，将如图 9-128 所示的媒体文件导入剪辑箱中。将剪辑箱中的视频拖入时间轴上，完成效果如图 9-129 所示。

图 9-128

图 9-129

步骤 02 选中时间轴上的媒体文件，打开"音频"选项卡，设置参数如图 9-130 所示。时间轴上的媒体文件如图 9-131 所示。

图 9-130

图 9-131

步骤 03 打开"库"选项卡，选择一个媒体文件并拖入时间轴中，如图 9-132 所示。单击"+"按钮，展开组，双击文本标注，时间轴面板如图 9-133 所示。

图 9-132

图 9-133

提示：也可选中需要添加的媒体文件，单击鼠标右键在弹出快捷菜单中选择"添加到时间轴"选项。

步骤 04 进入"标注"选项卡，设置"文本"参数，如图 9-134 所示。在文本框中输入文本内容，预览页面效果如图 9-135 所示。

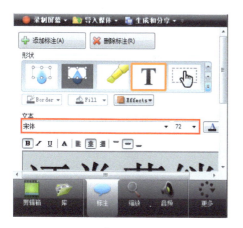

图 9-134   图 9-135

步骤 05 使用相同的方法将音频媒体添加到时间轴中，如图 9-136 所示。在时间轴中拖动音频媒体调整音频的结束时间，如图 9-137 所示。

图 9-136   图 9-137

步骤 06 执行"文件 > 导入媒体"命令，将如图 9-138 所示的图片文件导入剪辑箱中。将其从剪辑箱中拖入时间轴上，如图 9-139 所示。

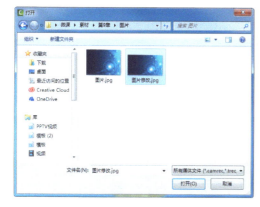

图 9-138   图 9-139

步骤 07 单击"标注"按钮，出现"标注"面板，如图 9-140 所示。单击右侧最下方的三角形按钮，选择如图 9-141 所示的标注形状。

图 9-140　　　　　　　　　　　　图 9-141

步骤 08 在"标注"选项卡中设置各项参数，并在文本框中输入如图 9-142 所示的文字。预览页面效果，如图 9-143 所示。

图 9-142　　　　　　　　　　　　图 9-143

步骤 09 在时间轴中选中媒体文件，如图 9-144 所示。打开"转场"选项卡，选择"滚轮"转场，单击鼠标右键，在弹出的快捷菜单中选择"添加到所选媒体"选项，如图 9-145 所示。

 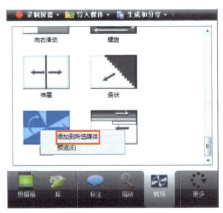

图 9-144　　　　　　　　　　　　图 9-145

在时间轴中选中媒体文件，如图 9-146 所示。选择"之字形"转场，单击鼠标右键，在弹出的快捷菜单中选择"添加到所选媒体"选项，如图 9-147 所示。

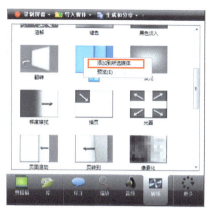

图 9-146   图 9-147

步骤 11 将播放头拖动到需要添加字幕的视频上，如图 9-148 所示。在"字幕"选项卡中设置字幕的各项参数，如图 9-149 所示。

图 9-148   图 9-149

步骤 12 在字幕文本框中输入文字，如图 9-150 所示。单击"同步字幕"按钮，在弹出的"同步字幕"对话框中单击"Continue"按钮，如图 9-151 所示。

图 9-150   图 9-151

步骤 13 一边听，一边单击鼠标，听到哪句就点到哪句，如图 9-152 所示。完成后，单击"停止"按钮，完成同步字幕的操作，如图 9-153 所示。

图 9-152　　　　　　　　　　　　图 9-153

步骤 14 时间轴面板如图 9-154 所示。执行"文件 > 保存项目"命令，如图 9-155 所示，完成拍摄类微课和慕课视频的合成与剪辑。

图 9-154　　　　　　　　　　　　图 9-155

9.3.6　生成和发布

微课和慕课制作完成后，可将该微课和慕课生成并发布为需要的文件类型。发布微课和慕课是整个工作的最后环节，根据微课和慕课使用目的不同，发布的方式及种类也相应有所区别。

步骤 01 单击"生成和分享"按钮，选择"生成和分享"选项，如图 9-156 所示。弹出"生成向导"对话框，设置各项参数，如图 9-157 所示。

图 9-156　　　　　　　　　　　　图 9-157

步骤 02 单击"下一步"按钮，设置文件存储地址，如图 9-158 所示。单击"完成"按钮，开始渲染项目，如图 9-159 所示。

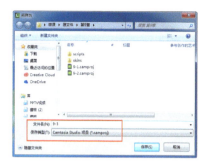

图 9-158   图 9-159

步骤 03 渲染完成后，弹出"生成结果"对话框，单击"完成"按钮，完成视频的生成，如图 9-160 所示。单击"生成和分享"按钮，选择"分享到 Screencast.com"选项，输入用户名和密码，如图 9-161 所示。

图 9-160   图 9-161

步骤 04 继续单击"下一步"按钮，设置上传的视频标题，如图 9-162 所示。出现"渲染项目"对话框，如图 9-163 所示。

图 9-162   图 9-163

步骤 05 当渲染完成后，又会出现上传进度对话框，如图 9-164 所示。上传完成后，可在网页中查看最后生成的视频，如图 9-165 所示。

图 9-164   图 9-165

9.4　本章小结

　　制作微课和慕课绝不单纯只是一个技术开发的过程，它是在先进教育理念支持下，以极具创意的教学设计方法指导下进行的一项充满智慧的工作。

　　本章主要对录屏微课和慕课、PPT 类微课和慕课、拍摄类微课和慕课的制作进行详细的介绍，通过本章的学习，希望能够给用户在制作微课和慕课作品时提供一定的帮助。熟练掌握 Camtasia Studio 的使用方法和技巧，是制作精良微课和慕课作品的关键之一。

9.5　课后练习

　　通过本章的学习，读者应该已经对不同形式微课和慕课的制作过程有了简单的认识和了解，接下来通过课后练习来检验用户对所学内容的掌握情况。

　　制作以"个性化设置"为课题的微课和慕课选题。在对选题内容充分了解并收集相关素材后，开始录制微课和慕课中需要使用到的视频素材，如图 9-166 所示。

图 9-166

步骤 01 打开 Camtasia Studio 编辑器，执行"文件 > 导入媒体"命令，将如图 9-167 所示的媒体文件导入剪辑箱中，并将其拖入时间轴上，如图 9-168 所示。

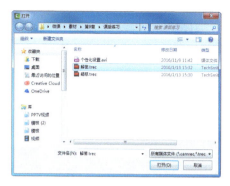 

图 9-167   图 9-168

步骤 02 使用相同的方法将其他的视频素材拖入剪辑箱中，如图 9-169 所示。将剪辑箱中的视频拖入时间轴上，进行排列，如图 9-170 所示。

图 9-169   图 9-170

步骤 03 打开"库"选项卡，选中一个媒体文件并将其拖入时间轴中，如图 9-171 所示。调整时间轴上的媒体文件到如图 9-172 所示的位置。

图 9-171   图 9-172

步骤 04 单击 "+" 按钮，展开组，双击文本标注，时间轴面板如图 9-173 所示。进入 "标注" 选项卡，设置相应参数，如图 9-174 所示。

图 9-173   图 9-174

步骤 05 在文本框中输入文本内容，如图 9-175 所示。设置完成后，可以在预览窗口中查看页面效果，如图 9-176 所示。

图 9-175   图 9-176

步骤 06 使用相同的方法将图像媒体添加到时间轴中，如图 9-177 所示。输入相应的文本标注，页面效果如图 9-178 所示。时间轴面板如图 9-179 所示。

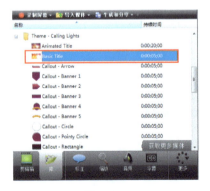

图 9-177   图 9-178

图 9-179

步骤 07 将播放头移动到视频开始的位置，打开"库"选项卡，选中一个音频文件，单击鼠标右键，在弹出的快捷菜单中选择"添加到时间轴播放"选项，如图 9-180 所示。在时间轴中拖动音频轨道的边界，调整音频的结束时间，如图 9-181 所示。

图 9-180

图 9-181

步骤 08 选择"语音旁白"选项卡，设置录制音频参数，如图 9-182 所示。单击"开始录制"按钮，开始录制音频，录制完成后，单击"停止录制"按钮，如图 9-183 所示。

图 9-182

图 9-183

步骤 09 弹出"旁白另存为"对话框，如图 9-184 所示。单击"保存"按钮，即可将声音添加到时间轴中，如图 9-185 所示。

图 9-184 图 9-185

提示：由于此处"解答"的动画过长，因此可根据声音的长短对视频内容进行裁剪，使视频与音频同步。

步骤 10 选中需要分割的音频，选中部分呈现蓝色。单击"剪切"按钮，将选中的视频区域删除，如图9-186 所示。使用相同的方法对末尾的动画进行配音，如图9-187所示。

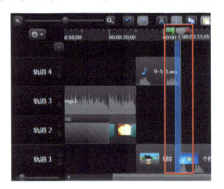

图 9-186 图 9-187

步骤 11 将播放头拖动到需要添加字幕的视频进度上，如图9-188所示。在"字幕"选项卡中设置相应参数，如图9-189所示。

图 9-188 图 9-189

步骤 12 在字幕文本框中输入文字，如图9-190所示。单击"同步字幕"按钮，在弹出的"同步字幕"对话框中单击"Continue"按钮，如图9-191所示。

图 9-190　　　　　　　　　　　　　图 9-191

步骤 13 一边听，一边单击鼠标，听到哪句就点到哪句，如图 9-192 所示。完成后，单击"停止"按钮，完成同步字幕的操作，如图 9-193 所示。

图 9-192　　　　　　　　　　　　　图 9-193

步骤 14 时间轴面板如图 9-194 所示。执行"文件 > 保存项目"命令，如图 9-195 所示，完成微课和慕课的合成与剪辑。

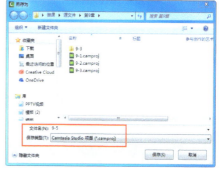

图 9-194　　　　　　　　　　　　　图 9-195

步骤 15 单击"生成和分享"按钮，如图 9-196 所示。弹出"生成向导"对话框，选择"MP4 only（up to 1080p）"格式选项，如图 9-197 所示。

图 9-196

图 9-197

步骤 16 单击"下一步"按钮，设置文件存储地址，如图 9-198 所示。单击"完成"按钮，开始渲染项目，如图 9-199 所示。

图 9-198

图 9-199

步骤 17 渲染完成后，弹出"生成结果"对话框，单击"完成"按钮，完成视频的生成，如图 9-200 所示。可在本地播放器中对 MP4 视频进行预览，预览效果如图 9-201 所示。

图 9-200

图 9-201